国王の道《エル・カミノ・レアル》

メキシコ植民地散歩「魂の征服」街道を行く

阿部修二

未知谷
Publisher Michitani

ハルパン

ゴルダ山脈の夜明けは感動的だ

「死者の日」の午後、セッラ神父の聖像が巡行に出て行った（ハルパン）

「死者の日」の祭壇が教会前に用意された（ハルパン）

「死者の日」骸骨の美人と記念写真（ハルパン）

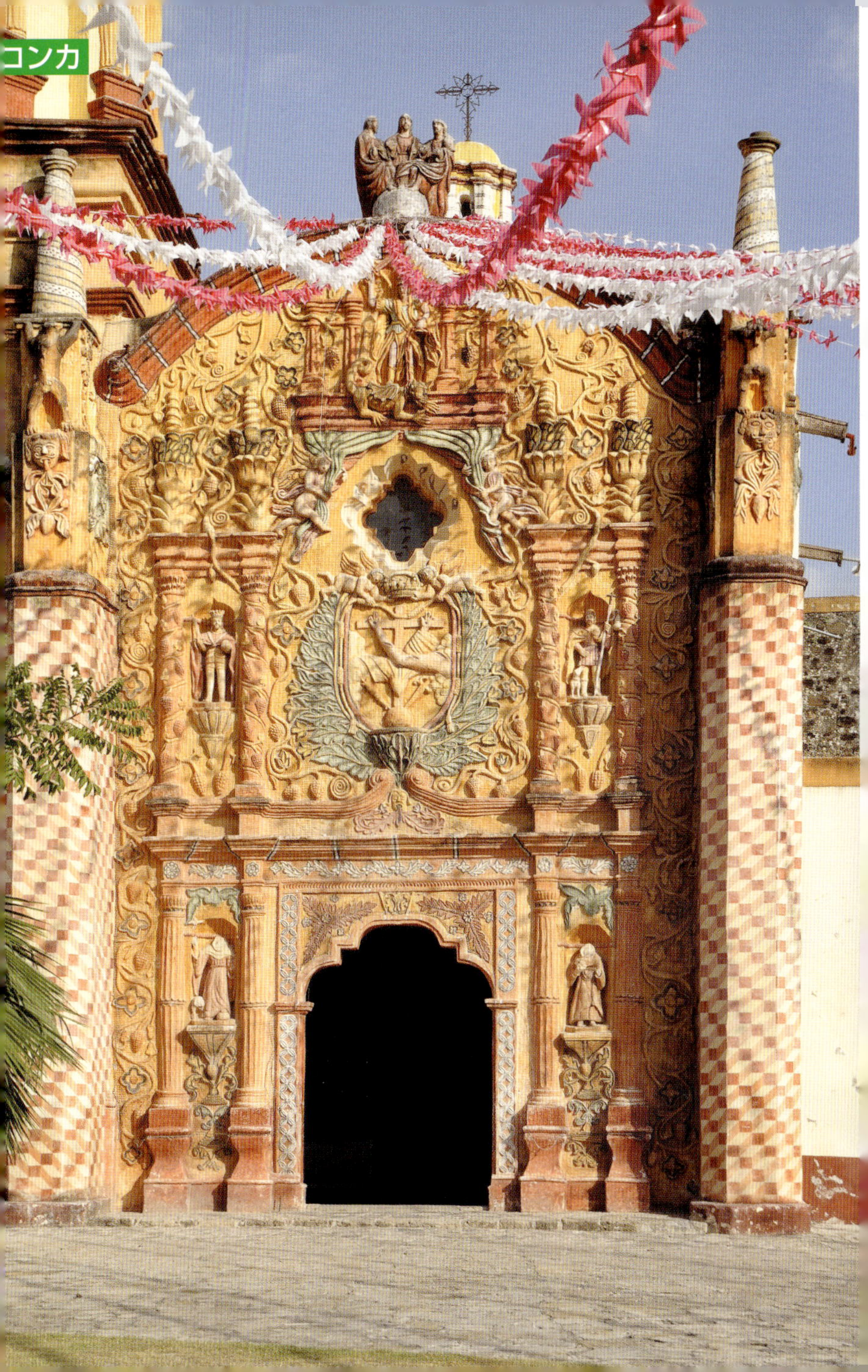

村のシンボル、セイバの千年樹（コンカ）

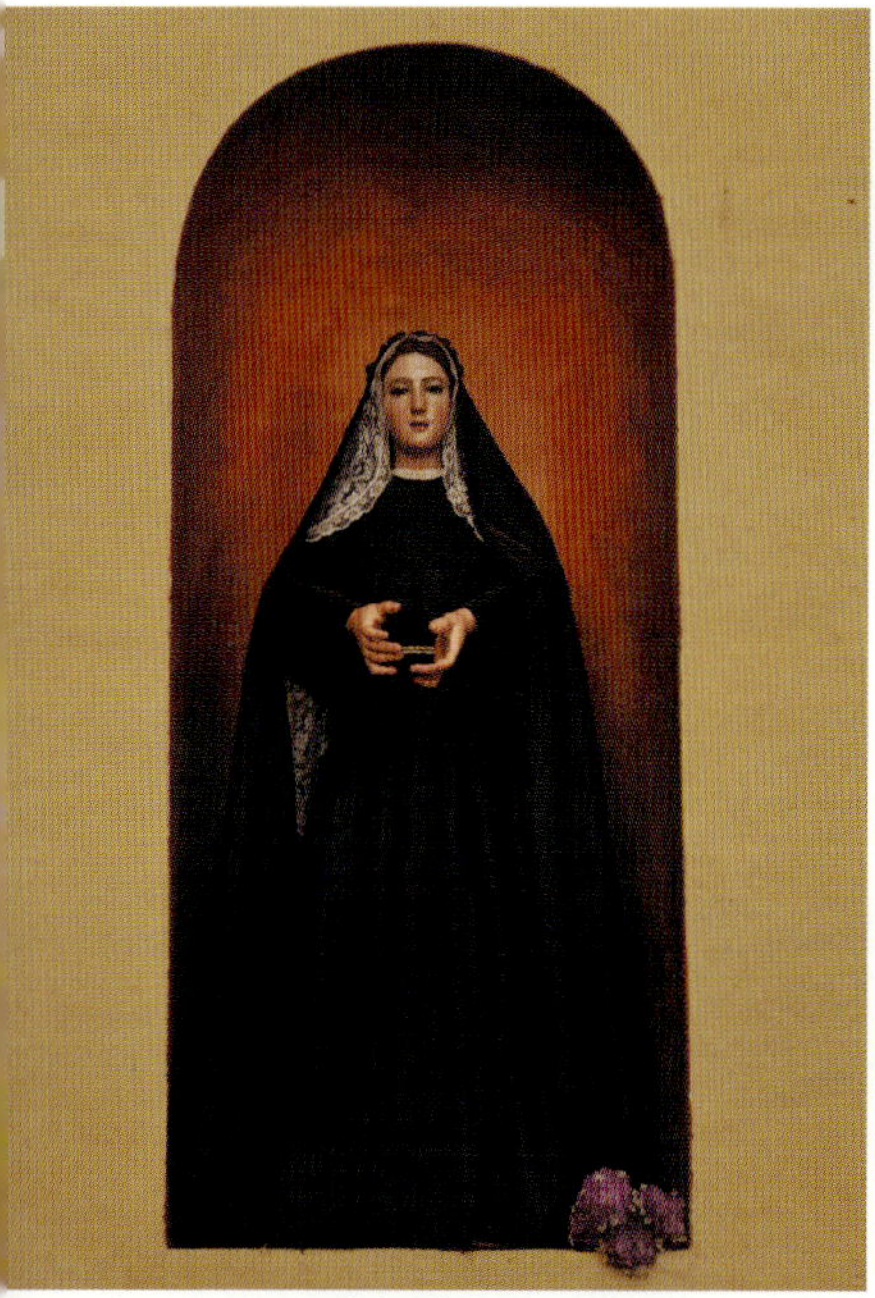

堂内に美しいマリア像があった（ランダ）

祭りの為にシュロの葉で作った花で教会の門が飾られた（コンカ）

ドーム天上の大天使サン・ミゲルのレリーフ（ランダ）

ティラコ

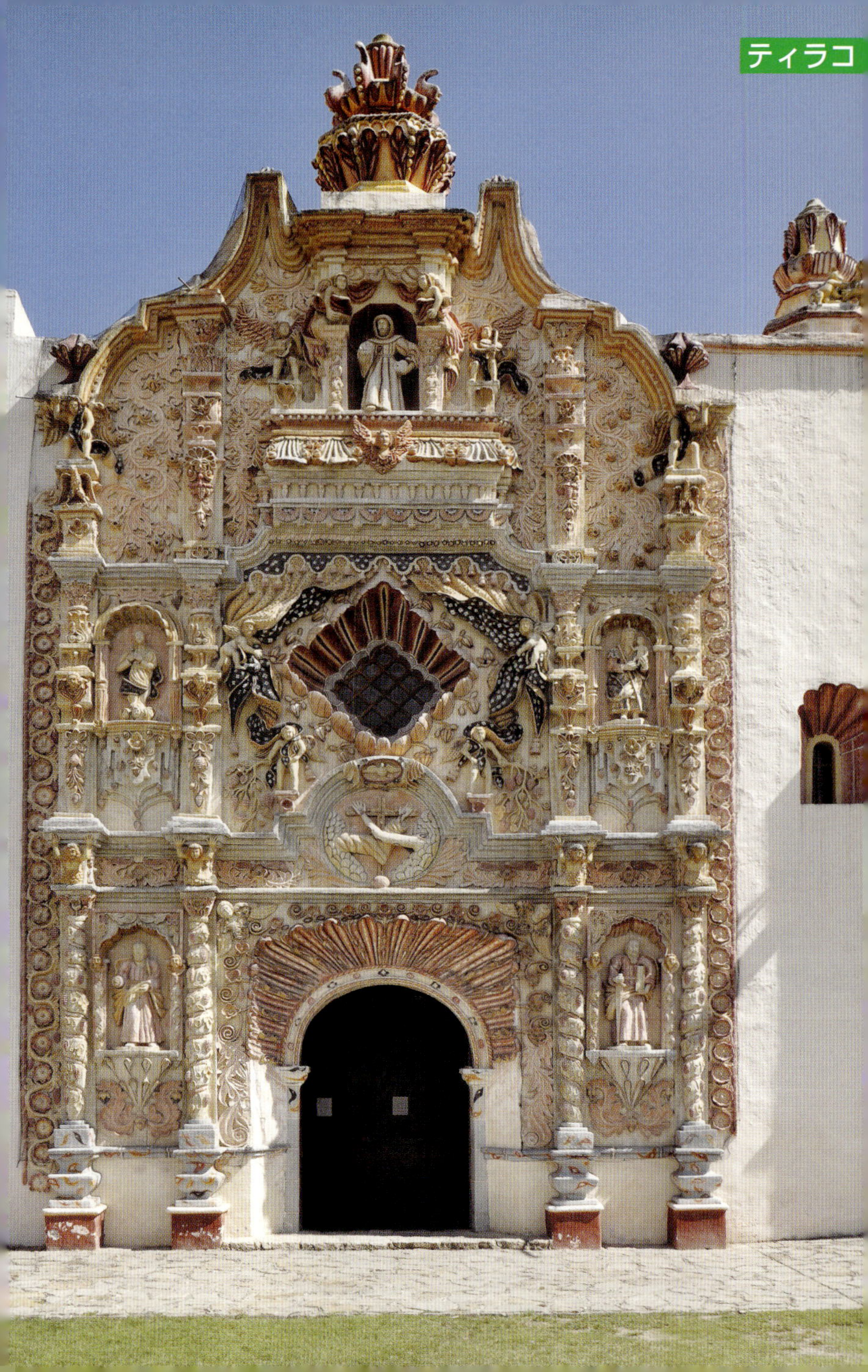

桃源郷に働く耕作馬と農夫（ティラコ）

バルセロナのグエル公園を思い出す教会の門と壁（タンコヨル）

信心深い村人の日課は、教会に足を運ぶこ
（ティラ

ドーム天上の美しい手描き模様（タンコヨル）

はじめに

一八世紀末のスペインによるカリフォルニア植民地計画は、今日のアメリカ合衆国カリフォルニア州に定住あるいは移動生活をしていた原住民（インディオ、英名インディアン）のキリスト教化とともに、農業、牧畜を生活基盤とした定住を促進し、スペインの法の下に原住民を社会生活に導こうとしたものだった。この植民地計画はヨーロッパ諸国の植民地化競争の激化に合わせるように、スペイン王室が領土取得、あるいは征服・支配に精力を注いでいた政策で、ヌエバ・エスパーニャ（メキシコ副王領）の副王の資金援助によって取り組まれたものだった。当時、ヌエバ・エスパーニャの首都メキシコ市から三〇〇〇キロ遠方にあるカリフォルニアにたびたび探検隊が送り込まれ、アメリカ西海岸を船、あるいは陸路で北上し、良港や有効な耕作地、牧草地を見つけては土地の登記をしていた。そうした探検には常にキリスト教の修道士が同行していて、ミッションと呼ばれた布教村、あるいは伝道所の建設適地を探し歩いていた。それは領土を獲得する一方で、そこに暮らす原住民の改宗を彼らが担わされていたからだ。

そのカリフォルニア地域の改宗を担ったのは、メキシコ市のサン・フェルナンド神学校の修道士たちだった。この神学校はフランシスコ修道会が運営する機関で、多くの修道士をこのカリフォルニアの地に送り出し、神の僕《しもべ》として布教村建設と原住民改宗の任務に着かせていた。その修道士たちを束ねていた人物はスペイン人修道士フニペロ・セッラ神父で、彼の伝記を書き表した同僚のパロウ神父がその中で、「魂の征服」に多くの貢献をなした偉大な人物だと讃えている。

こうしてできたアメリカ西海岸の布教村は併せて二一ヶ所で、サン・ディエゴ、ロサンゼルス、サンタ・バーバラ、サン・フランシスコなど、今日では誰もが知っているカリフォルニア州の大都市に発展を遂げている。タイトルの「エル・カミノ・レアル（国王の道）」はそうした布教村を繋ぎ、銀街道（メキシコ市とサカテカスを結ぶ銀の交易路）を通り副王政府のあったメキシコ市まで続く道をさす。それは開拓されたばかりの布教村に支援物資を運ぶ道となり、反対に布教村で生産された物資を運ぶ道となった。さらに情報伝達の道、あるいは布教村防衛のために軍隊を速やかに移動させるための道ともなった。それはあたかも、南米のエクアドルからチリまで張り巡らされた「インカ道」のようなものだった。

この著書では原住民改宗を推進したフランシスコ修道会の修道士、フニペロ・セッラ神父とその仲間が残した足跡をたどりながら、彼らが成し遂げようとした「魂の征服」の実態が、どのようなものであったか、述べていきたい。

なお、この三〇〇〇キロを超える「エル・カミノ・レアル」には、耳慣れないメキシコやカリフォルニアの地名がたくさん出てくる。その位置関係を把握していただくために、地図を用意したので、是非ともそれを参考にされ、読み進めていただきたい。

国王の道《エル・カミノ・レアル》　目次

第三部

サン・フランシスコ
サンタ・クララ
モントレイ（サン・カルロス）
サン・アントニオ
サン・ルイス・オビスポ
サン・ブエナベントゥーラ
サン・ガブリエル
（ロサンゼルス）
サン・ファン・カスピラーノ
サン・ディエゴ
アメリカ合衆国
サン・フェルナンド
サン・アントニオ
ロレト
メキシコ
サン・ブラス
グアダラハラ
ケレタロ
ハルパン
メキシコ市

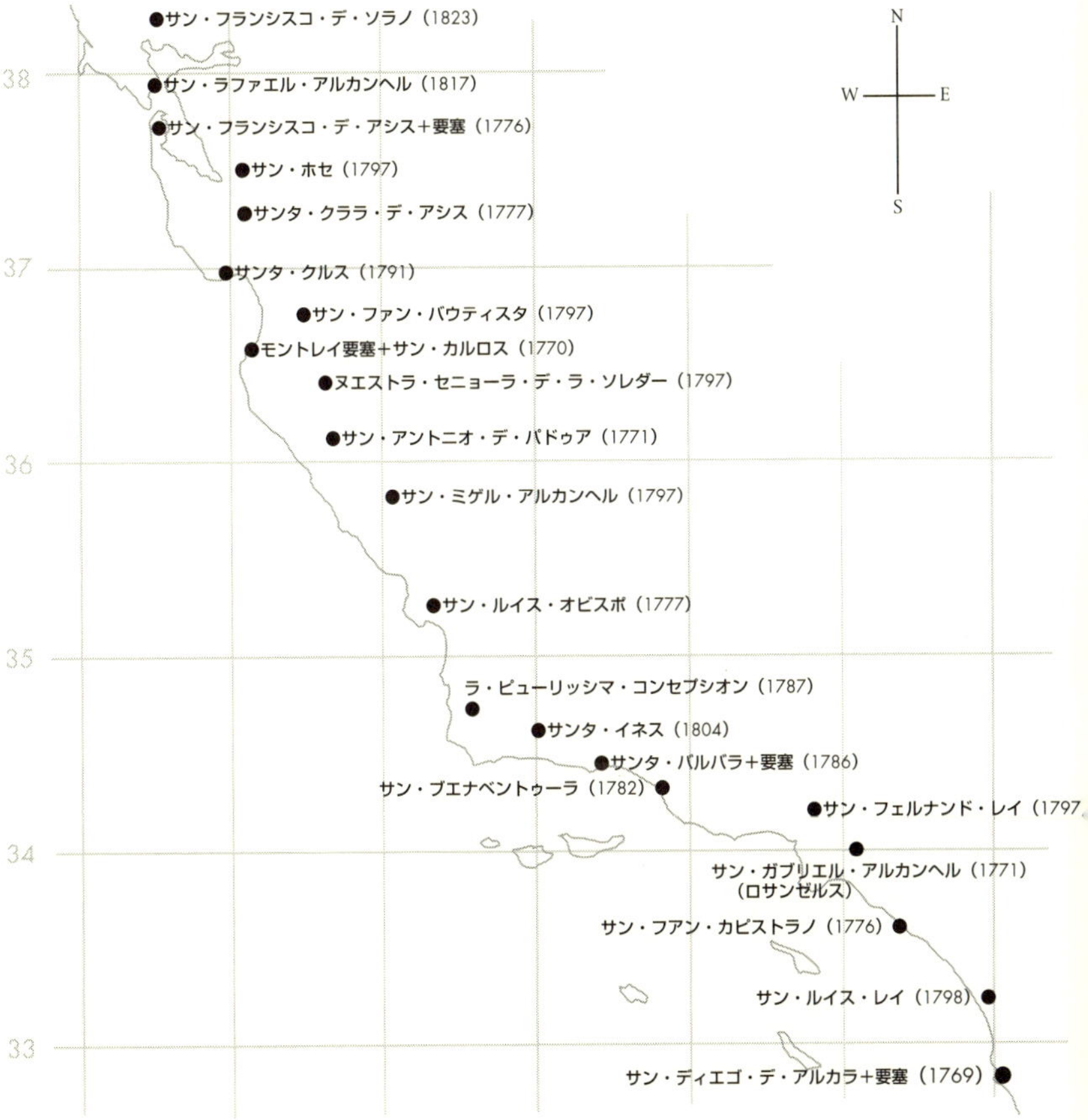
サン・フランシスコ・デ・ソラノ（1823）
サン・ラファエル・アルカンヘル（1817）
サン・フランシスコ・デ・アシス＋要塞（1776）
サン・ホセ（1797）
サンタ・クララ・デ・アシス（1777）
サンタ・クルス（1791）
サン・ファン・バウティスタ（1797）
モントレイ要塞＋サン・カルロス（1770）
ヌエストラ・セニョーラ・デ・ラ・ソレダー（1797）
サン・アントニオ・デ・パドゥア（1771）
サン・ミゲル・アルカンヘル（1797）
サン・ルイス・オビスポ（1777）
ラ・ピューリッシマ・コンセプシオン（1787）
サンタ・イネス（1804）
サンタ・バルバラ＋要塞（1786）
サン・ブエナベントゥーラ（1782）
サン・フェルナンド・レイ（1797）
サン・ガブリエル・アルカンヘル（1771）
（ロサンゼルス）
サン・フアン・カピストラノ（1776）
サン・ルイス・レイ（1798）
サン・ディエゴ・デ・アルカラ＋要塞（1769）
N
W
E
S
38
37
36
35
34
33

国王の道《エル・カミノ・レアル》

メキシコ植民地散歩「魂の征服」街道を行く

第一部

ゴルダ山脈のフニペロ・セッラ神父

フニペロ・セッラ神父の名を知ったのは、前著『「銀街道」紀行』（未知谷）の取材で、メキシコはケレタロ州の世界遺産の教会を擁するハルパンを訪ねた時のことだった。このハルパンは荒野のバラとでも形容したくなる、中世の魅力あふれるこれも世界遺産都市ケレタロから、ゴルダ山脈をバスで五時間も揺られた後にやっとたどり着く田舎町で、私はそこに建てられた奇抜な田舎風バロックの教会を見るために訪れたのだった。

このゴルダ山脈はメキシコ市・サカテカス間の重要な交易路「銀街道」ができた後も、北方の蛮族チチメカ族の一派、パメ族が支配していた地域で、フランシスコ修道会の神父フニペロ・セッラが伝道のために入り込むわずか前に、この地域の領主ホセ・エスカンドン中佐によって征服が果たされたばかりだっ

ケレタロ市、旧サン・フランシスコ修道院前の公園

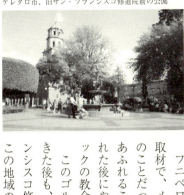

広大な敷地を持つサン・フェルナンド神学校（メキシコ市）

た。当時の「銀街道」の重要な宿場町であり経済拠点だったケレタロ市は、その南西部に広大な耕作地を形成し、北方の銀鉱山サカテカスやグァナファト（ともに世界遺産都市）との交易で空前の繁栄を誇っていた。ところがその同じ時代に、スペイン人はケレタロ市北東部の山岳地帯でパメ族支配にてこずっていたのだ。それは他のチチメカ族の一族、グアチチル族、グアマール族が一七世紀初頭に早々と白旗をあげてスペイン人に屈していた時代のことである。

ゴルダ山脈にフニペロ・セッラ神父が送り込まれることになったのは、ある修道士との偶然の出会いからだった。

一七五〇年一月十九日、メキシコ市のサン・フェルナンド神学校に、フニペロ・セッラ神父と彼の弟子八人がスペインから到着していた。

彼らがそこに着いた時、先の神学校は、原住民とともにゴルダ山脈に六年間で五つの布教村を建設するという事業を進めていた。ところが当時、サン・フェルナンド神学校では布教村建設のための修道士が不足していて、その修道士養成が緊急課題となっていたのだが間に合わず、ケレタロ市にあるサン・フランシスコ修道院の修道士に頼っていた。その修道士たちは前述のゴルダ山脈で半年間、サン・フェルナンド神学校の補佐として働いていたが、自分たちの修道院の都合でケレタロに戻るように求められていたのだ。

当時、このゴルダ山脈の布教村を担当していたのは、サン・フェルナンド神学校の高僧ペドロ・ペレス・デ・メスキア神父だった。セッラ神父たち九名が神学校に到着して数日後のある日の午後、短期休暇中の先の神父は、スペインから着いた新人九名と一緒に神学校の自給用菜園の手入れをしていた。

そのメスキア神父は、スペインからやってきたばかりの神父たちと同じ汗を流しながら、お互いを紹介し合い、近況を披露しあっていた。メスキア神父は手を休めてセッラ神父の眼を見つめながら、少し高揚した声でこんなことを話していた。

「私がここ（新大陸）に着いた時から持っていた夢は、都会の息苦しさから逃れ、田舎のミシオン（ミッション、布教村）でノンビリ働くことでした。今ではそれが私の大きな喜びとなっていましてね、田舎の空気は私を元気にさせてくれているんですよ、ほんとに」

高僧は少し間を置き、困った表情を見せると次のように続けていた。

「ゴルダ山脈の異端の地のミシオンに働きに行くのは、私の大きな喜びなんです。でも、一つだけ困ったことがありまして……。サン・フェルナンド神学校からの修道士が足りないんです。ケレタロの修道院の支援を必要としなくなるのを長いこと待ち望んでいましたが……。こちらのやり方を押しつけるわけにもゆかずに、手伝ってくれるよその修道士に対してどうしても遠慮がちになりましてね。そんなもんですから、是非ともこの神学校の意を汲んだ者たちで始祖サン・フランシスコ神父の真のミシオンを作り上げたいと思っているんですよ」

その言葉を聞いたセッラ神父は、マジョルカ島から連れてきた見習い僧たちの抱いている希望や夢のことを思いおこして、高僧に次のように応えた。

「恐れながら尊父様、その五つのミシオンを納得の行くように造り上げるためにも、元気で学徒の身でありながら礼儀正しく、しかも、心にいささかの濁りもない若い見習い僧たちに、たくさんの良きお手本を示していただけないでしょうか」

セッラ神父のこの言葉はメスキア神父の心をしっかりと掴んでいた。その申し出に納得したこの高僧は、神学校の校長とも相談して、さっそくスペインから来た若い修道士の中から八人を指名し、セッラ神父に知らせてきていた。その中にはもちろんセッラ神父と、後に神父の伝記を書き残すことになるパロウ神父も含まれていた。神の僕である彼らが異端者である原住民の住む布教村に選ばれたのを知って、セッラ神父は神に大いに感謝していた。そして、彼が連れてきた見習い僧の精神修養を確かなものにするきっかけとなったこの人選は、後にメキシコにおけるフニペロ・セッラ神父の評判をも押し上げることになった。

フニペロ・セッラ神父の生い立ち

さて、ここに登場するフニペロ・セッラ神父について少し話しておかなければならない。

フニペロ・セッラは一七一三年十一月二十四日にスペインはバレンシア沖に浮かぶマジョルカ島のペトラ村で生まれ、ミゲル・ホセの名前を授かった。彼の両親は父がアントニオ・セッラ、母がマルガリータ・フェレールで低階層の労働者だったが、まじめで敬虔な両親で、その生活習慣では近所の者たちの模範となっていた。ミゲル・ホセは幼児期の頃から両親と一緒に近くのフランシスコ会の修道院に通い、ラテン語を学び、聖歌を口ずさみ、ついには聖歌隊の弟子として、聖歌隊席に入る資格を貰うまでになっていた。その頃から彼は、フランシスコ会の僧服をいつかは着てみたいという夢を抱くようになっていた。

フニペロ・セッラ神父の肖像（リトグラフ）

両親はミゲル・ホセのこうした「夢」を知って、マジョルカ島の首都パルマで学ばせたいと願い、息子を連れて大司教区の高僧に直談判し、フランシスコ修道院で学ばせることができないか尋ねてみた。しかし、その時すでに入院受付期限が過ぎていて、認められることはなかった。それでも「捨てる神あれば拾う神あり」で、幸運なことにパルマ郊外にあるイエズス会の修道院に入院が認められることになり、一七二九年九月十四日、十六歳九ヶ月と二十一日で、そこでの修業が許可されることになった。

彼はそこで聖職を本業とするための多くの知識を完璧に身につけ、その知識を本物にするために多くの本を読んでいた。なかでも最も関心を持ったのは宗教の歴史書と教訓に満ちた聖人たちの伝記で、彼の喜びはそうした聖人たちの人生を模範とすることだった。

一七三一年九月十五日、二年に渡る見習い僧としての職務を全うしたという証書を授かり、修道立願したが、その時にフランシスコ会の高僧の立ち会いの下にフニペロの名を授かっている。

フニペロ・セッラ神父がその修道立願の折り、パルマ市のフランシスコ会修道院に哲学と神学を学ぶために移籍するよう求められるが、そこでも以前のように勤勉に学問に身を置いていた。忙しくて自分のために時間を持つことのできない司祭職についてからは、すでにその修道院の中で哲学の朗読師（講師）に選ばれていた。そこで三年間、哲学書を朗読して大評判となり、修道会と世俗教会の両方から六〇名をこえる弟子を獲得し、哲学と神学の多くの卒業生を送り出していた。その後、ルジアナ大学で哲学の博士課程を終えてから、さらに神学の博士号をセッラ神父は手にしている。

この時期、朗読師セッラ神父は、人々から尊敬され喝采を浴びる者たちの中の一人だった。と言うのも、朗読師としてのその神がかった声が、彼を「人民の博士」と呼ばせるまでになっていたからだ。

そんな彼が植民地メキシコの先住民改宗に関心を持つようになったのは、読経師ラファエル・ベルゲール神父の哲学の講義で、パルマからヌエバ・レイノ・デ・レオン（メキシコ北東部）の司教区に先住民改宗のために修道士一人が派遣されると聞き知った時だった。そして、自分の才能をメキシコ先住民の改宗に使うために、両親と故郷と名声をもかなぐり捨てて、パルマを離れる決意をセッラ神父はしていた。同僚のパロウ神父は次のように彼を賞讃している。

「神の内なる声に知らぬふりせず、隣人に対する慈悲心に激しく火をつけた。このように選ばれて天命を授けられた者がいかに少ないか。さらに、自分の血（命）をそのためにまき散らしたいという激しい欲求を持ち続けた人がいかに少ないか」

一七四九年の復活祭前のこと、セッラ神父はインディアス顧問会議（スペインの西インド諸島・アメリカ大陸の植民地政策決定機関）議長に直接手紙を書いて、自分の他に若い学徒、フランシスコ・パロウ、ラファエル・ベルゲール、フアン・クレスピ、ギジェルモ・ビセンテ神父五名に対して、ヌエバ・エスパーニャ副王領（メキシコ）での先住民改宗活動の許可状をくださるように訴えた。その訴えが幸運にも聞き入れられ、五人は一七四九年四月十三日にその許可状を入手し、慌ただしくパルマを出発してマラガ経由で五月七日、メキシコに向かう船が出発するカディス港に着いている。

一七四九年八月二十八日、セッラ神父を乗せた大西洋航路の定期帆船はスペインのカディス港を出港し、プエルトリコ経由の船旅の末、十一月二日にメキシコはベラクルスに着いていた。旅のはじめから想像できた水不足、嵐、壊血病が船人たちを苦しめていたが、セッラ神父とその学徒たちは無事にメキシコの土を踏むことができ、神に感謝していた。

　彼らは、ベラクルスで慣れない船旅から解放されてホッとする間もなく、五〇〇キロも離れたメキシコ市に向かった。というのも、無事に着いたもののベラクルスの気候が彼らの住んでいたスペインとはかなり違い高温多湿で、体調を崩す修道士がでていたからだ。港町ベラクルスとメキシコ中央高原に位置するメキシコ市間の道はすでに重要な交易路で整備されていたが、海抜〇メートルから二、四〇〇メートルの高低差があり、その途中にある二つの山脈を越えなければならない難儀な旅だった。ところが、セッラ神父は彼の初心を貫くために、足にサンダルを着けることを拒み、裸足で五〇〇キロ余りの道行きを敢行しようとしていた。同僚はもちろん、アンダルシアから来ていた他の修道士たちも彼の提案に賛同し、裸足でこの街道を進むことになった。

　時はさかのぼり一五二四年、アステカ帝国の首都テノチティトランがスペイン人探検家エルナン・コルテスによって征服されてから二年後のこと、最初にメキシコで宣教活動を許されたフランシスコ会の修道士一二人、ロス・ドーセ（スペイン語ドーセは12を表わす。キリストの一二聖人にあやかって一二名の修道士が送り込まれた）が、首都となったかつてのテノチティトラン、メキシコ市に上るときも、修道士たちは裸足で都入りを果たしていた。セッラ神父はそれを知っていてまねたにちがいない。それは先住民に対する彼のデモンストレーション、ゴルゴダの丘に登る十字架を背負ったキリストにあやかろうとしたのかもしれない。パロウ神父は、「彼はその後、どんな時にも、どんな所でも、メキシコの地を裸足で歩いていた」とセッラ神父の伝記の中にそう書き留めている。

　一七四九年十一月三十日の午後、スペインから渡ってきた六人の修道士たちはグアダルーペの聖母教会（メキシコ市北部の教会）にたどり着いた。そこでその夜を過ごし、次の朝にメキシコ大聖堂に入って旅が無事に終わったことへの感謝のミサを捧げた。副王政府への入国の手続きを終えて一七五〇年一月十九日に大聖堂から三キロ程西にあるサン・フェルナンド神学校に着いた。

ゴルダ山脈の布教村

セッラ神父がメキシコ市に到着する以前のこと、もともとケレタロ市の管轄だったゴルダ山脈でキリスト教への改宗を担っていたのは、ケレタロ市にいたアントニオ・リナス・デ・ヘスス神父だった。ケレタロ市のサンタ・クルス神学校設立を要請するために、ヘスス神父にスペインに渡るように求められたことで、その間、メキシコ市のサン・フェルナンド神学校に管理が任されていた。ところが、サン・フェルナンド神学校でも人材不足で、ゴルダ山脈に住んでいる異教徒撲滅のために、ケレタロ市在住のフランシスコ修道院の修道士たちが雇われていた。

ゴルダ山脈は全体的に殺伐とした地帯で、文化都市として急成長し、当時の本国スペインでも有名になっていたケレタロ市からも隔絶されたきわめて原始的な地域だった。それはなんと幅八〇キロ、奥行き一六〇キロの野獣生息も困難をきたす乾燥した山岳地帯で、このような荒地に好戦的といわれていたチチメカ族の一派、パメ族の原住民が慎ましくも勇敢に住んでいた。彼らはほとんどが社会生活とは無縁な自由奔放な生活を営む原住民たちだった。

このパメ族の住む今日のケレタロ州ハルパン市の辺りは、スペイン征服者エルナン・コルテスが湖上の都市テノチティトラン（メキシコ市）を征服して間もなく、そのコルテスによって征服されている。実

背の高い樹木が育たない山襞のゴルダ山脈

岩肌がむきだしの荒地が続く

は、彼はこのパメ族を征服するためにわざわざここに現れたのでなく、メキシコ湾の町タンピコ（タマウリパス州）を目指し、自分の手柄に泥を塗ろうとする者たちを討伐する途中でのことであった。というのも、一五二一年八月十三日、コルテスがテノチティトランのアステカ帝国を征服したという噂を耳にした、当時ジャマイカ島の総督だったフランシスコ・デ・ガライ（スペイン人）は再三にわたって探検隊をアメリカ大陸に送り込み、あるいは自ら遠征に参加し、二匹目のドジョウを狙って先のタンピコに上陸して、そこに植民地を造ろうとしていたからだった。当時、スペインの多くの探検家たちは、アメリカ大陸で黄金を手にしようと血眼になっていた。それは熾烈な領土争奪戦で、時にはスペイン人同士で内輪もめの戦争をするまでになっていたのだ。

コルテスのガライ討伐隊は、メキシコ市郊外からメキシコ湾のタンピコに注ぎ込むモクテスマ川の支流トゥーラ川、その川は古代遺跡トゥーラの町を貫き、ゴルダ山脈の南の縁を東に向かって流れていたが、その川に沿って下り、その途中にある今日のハルパン市の辺りでパメ族に遭遇し、彼らをいとも容易く征服していた。それは、兵の数と武器の威力の絶対的優位によるものだった。

こうした事情から、かなり早い時期にハルパンの住民を管理するために、ドミニコ修道会によってこの地に布教村が造られた。しかし、この地はタンピコ市のあるウアステカ地方とケレタロ州との境にあり、ケレタロ市から遠く離れていて、不便な土地という評価に甘んじていたために、ドミニコ会の修道士の情熱を引き留めることが難しかった。後に今日のイダルゴ州都パチューカにあるアウグスティヌス修道会傘下の神学校がこの地を訪問している。彼らが先住民の改宗と布教村の建設に取り組まなければならなかったのに、彼らの熱意もまた続かなかった。それはゴルダ山脈に住むパメ族が寄りつかなかったのが主な原因だった。こうした修道士のいない空白の時間は、この地の領主ホセ・エスカンドン中佐がこのゴルダ山脈全域の征服を果たす一七四三年まで続いていた。征服の功で副王よりこの広大なゴルダ山脈の土地を譲渡された彼は、パメ族管理のためにケレタロ市にいる先のアントニオ・リナス・デ・ヘスス神父にこのゴルダ山脈の布教村建設を依頼していたのである。

この神父がゴルダ山脈で布教村建設に取り組み始めたとき、そこに住む大方のパメ族は社会生活とは無縁な暮らしをし、貧困にあえいでいた。彼らの中にはすでにキリスト教徒になった者もいたが、そうした者でもキリストの福音から放置された状態で発見されていた。特に子供は、小さい頃から両親に連れられて山奥から布教村に降りてきて洗礼を受けていたが、それはただ、彼がクリスチャン・ネームを持っていたり、スペイン人との混血でメスティーソとして生まれ出たために、援助を求めて修道士に会いに来ているに過ぎなかった。

前述したように、一七四三年にホセ・エスカンドン中佐によってゴルダ山脈全域が征服されたことで、その布教村は自動的に領主エスカンドンの領地に組み込まれ、ケレタロ州に移管されることになった。こうしてアントニオ・リナス・デ・ヘスス神父にその役目が回ってきたことは前述の通りである。その後、ヘスス神父がスペインに渡ることになったために、メキシコ市の同じフランシスコ修道会傘下のサン・フェルナンド神学校に管理が託され、その最初の責任者が先の高僧ペドロ・ペレス・デ・メスキア神父だった。

ここで布教村について少し話しておく必要があろう。スペイン語ではミシオン（英名ミッション）と呼ばれ、日本語ではよく伝道所と訳されるが、メキシコ北部、遊牧民族チチメカ族の領域以北に造られることになる伝道所は、単に原住民の「魂の征服」のための施設、つまり教会や修道院などの施設にとどまらず、宗教施設の周辺に改宗した原住民を住まわせ、農業や牧畜の仕事を通して彼らを社会化しようとした共同体だった。そのために布教村と訳すのがもっとも正確であると私は疑わない。狩猟や採集で生活していた原住民に種まき、刈り入れ、家畜の扱いや利用方法を教え、定住を促し、ヨーロッパ的な生活習慣を身につけさせることで、信者を獲得するという息の長い布教活動を修道士は担っていた。彼らは原住民の自活を促すために、農業や牧畜のほか、農閑期に男には大工や左官、石工、鍛冶などの技術を、女には織物、籠、縄などの工芸品の技術を身に付けさせ、自給自足による生活共同体を目指していた。

以上のような理由から、布教村設立に関わったのは修道士ばかりではなく、メキシコ市やその周辺から社会生活のお手本となるべきメヒコ族（すでに改宗し、ヨーロッパ化した先住民）の家族数組がそこに送り込まれていた。彼らは都会では貧困ゆえに北方行きを志願した者たちだった。そのほかに、布教村警護のために家族持ちの兵士数名が送りこまれた。この両者はまた布教村建設のための要員となり、いざとなれば戦闘要員ともなった。

前述の領主ホセ・エスカンドンは核となる布教村の位置をハルパンに指定した。ハルパン川を北東に見下ろせる丘の上に征服の印として十字架を立て、そこを布教村の中心とした。しかし、この町は平地と思われる場所がほとんどなく、ハルパン川の周辺にわずかに帯状の土地があるだけの、きわめて閉塞

祭祀用ペロタの競技場

珍しい円形ピラミッドのあるタンカマ遺跡

した土地で、その立地を実際に目にすると防衛上の都合によってその場所が決定されたように思えてくる。農業を布教村の生活基盤にするにはあまりにも狭く不便な地形に見える。この地域にある他の四つの布教村と比較しても耕作に適した平地が極端に狭いことから、そこはもともと原住民パメ族にとって重要な祭祀センターか神殿ピラミッドがあったところだったのではと想像してしまう。もしそうだとすれば、ホセ・エスカンドン中尉が長いこと征服をてこずっていたパメ族が、二度とスペイン人に反抗しないようにとこの地のピラミッドを徹底的に破壊し、その土地にキリスト教の教会を建ててしまったのではないかと思えてくる。

ハルパン市の南東五キロのタンカマ村にペロタ（ゴムボールを使った祭祀のための競技）の球技場を持つ中規模のピラミッド遺跡があり、その周辺には起伏の少ない畑地や牧草地が広がっている。そこは紀元前から西暦七五〇年まで、メキシコ湾岸で勢力を保っていたウアステカ族の影響が見られる文化が醸成していた場所だという。そうした事実から考えれば、ハルパンのパメ族が共同生活に不得手な遊牧民族だという評価に甘んじたとしても、パメ語を話す部族間で共通した信仰を持ち、共通の神を崇拝していたとしても不思議ではない。

さて、領主エスカンドンは手本となるべき指針を部下に与えると、部下と修道士とをそこに残して、ケレタロ市に退去していった。残された者たちは布教村の建設を急ぎ、パメ族を布教村に定着させる仕事に情熱を注いでいて、すでにその数を三八四〇人に増やしていた。修道士たちは、幼少期にドミニコ会やアウグスティヌス会の修道士から洗礼を受けたことがありながら、何らかの理由で布教村に住むことを拒んでいるパメ族を探しに出かけていた。メヒコ族先住民の通訳を介してひとり一人説得し、キリスト教の教えを広める努力を怠らなかった。そうした宣教を通して、修道士たちはパメ族が洗礼を授かる能力を持っていると確信したのだという。

先のメスキア神父は、そのゴルダ山脈で主任修道士を勤めていた。彼は以前、西部劇の舞台となるテキサスはアラモ（アメリカ合衆国、テキサス州サン・アントニオ）の布教村にいたが、その布教村の放棄に伴って連れ戻された修道士の中の一人だった。「魂の征服」に熱心で、ケレタロ市のサンタ・クルス神学校やサカテカスの「グアダルーペの聖母」の布教村にいたときと同様に、ゴルダ山脈の布教村でもパメ族の行動をよく観察し、定住生活の利点を熱心に説いて、時間に関する約束事を作ってそれを教えていた。

ちなみにこのメスキア神父の修道士たちに要望していた布教村での生活は、次のようなものだった。

＊

修道士たちは、毎日、太陽が昇るのに合わせて教会の鐘を鳴らし、布教村の住民をもれなく集めるように求め、住民と一緒にキリスト教の教義文を唱和し、より初歩的な内容をスペイン語で彼らに話しかけ、朝のミサを行うこと。そして、大人たちが仕事に出かけた後は、修道士は子どもたちを集め、大人たちにしたようなことを子どもたちにも実践すること。

夕方、太陽が西に沈む前に五歳以上の子どもも含めて全員に、夕方のミサを執り行うこと。この時、新信者や結婚している者、あるいは戒律をまじめに遂行している者に対して、堅信（揺るぎない信者となる儀式）を授かる資格を得るまで、熱心に指導すること。

パメ族の祭りの日でも、教会のミサがなおざりにされることのないように注意を払い、特に彼らの祭りで交わされる彼らの会話に注意を払うこと。そして、修道士たちは用心深さや思慮分別をもって粗野な原住民の要望を聞き、それに応えるように努力すること。

洗礼のミサを終えたら、彼ら皆に戸籍上の名前と個人の名前をつけ、そして、何か不足しているものがないかを確認して、あればそれを個別に手渡しすること。また、戒律を重視するばかりでなく、自由の中に原住民を置くこと。病人がいればしばしば彼らを訪れるように努め、病気を治し、よく看病すること。そして、寿命による死では彼らを補助し、聖体を授けること。

さらに、土地を放置しそうな者があれば支援すること。憎しみと争いをなくすために丹誠や寛容の精神を身に着けさせ、布教村の中でスキャンダルや悪習を許さず、キリストの慈悲のもと、平和を尊び自活する術を教えること。

*

布教を担当する者たちの側からすれば、布教村で一日を満ち足りたものとするために当然果たしたい決まりごとであったに違いない。いっぽう、原住民の立場からすれば、修道士の下に集まる宗教的な意味を本心から理解し、そうしたいと願っていたとは思えない。少なくとも、そうなるにはかなりの時間が必要だったのではなかろうか。彼らが集まってきた理由が修道士たちが施すその日の食糧であり、そして、彼らが容易に手に入れることがかなわなかった反物や衣服の支給を期待して集まっていたことは、後にこれらの布教村の食糧不足が、原住民離散の問題を抱えることになることで明確になる。「金の切れ目が縁の切れ目」で、そのことを裏付けるように、後にこの地に赴任することになるパロウ神父は彼の著書の中で次のように書いている。

「前述のメスキア神父は、その当時、パメ族インディオの臨時統治役を任されていた。ところが何年か後にこの布教村が困窮し始めると、インディオたちが村に根付かなくなっていた。さらには布教村でのミサや日々の祈りに参加しなくなっていた。というのも、彼らの日常の行動目的は、もっぱら食料や衣料を求めることにあり、そのために方々に放浪していたからだ。メスキア神父はそうした状況を回避するために、各布教村の修道士たちに財産管理を委任し、それぞれの布教村の必要分をインディオの頭数に合わせて請求するという方法を取った。さらにメスキア神父は年に一度の宗教会議（予算会議）で副王閣下が修道士に与えるインディオを養うための予算のほかに、修道士に任されているミサで受け取るお布施を付け足して、畑で使う道具や種籾のような当座に必需となる品を買い、牝牛と去勢した牛、家畜などを調達していた。というのも、それから得られる収益は、キリスト教の『魂の征服』を実践可能とするだけでなく、ミッション存続につながることになるからだった」

メスキア神父の努力が報われればじめて収穫物を十分に得ることができるようになり、布教村内に原住民が定住するようになっていた。ところが、ハルパンのある辺りは高温多湿で、メキシコの乾燥地帯から来た者にとって健康を害しやすい所だった。この地に赴任した修道士の多くは、そのことでよく病気になり、恐ろしいことに修道士の中の四人に一人は、その病にかかると数日のうちに死んでいたという。

治療不可能と判断された者は神学校の療養所に送り返され、結局は布教村設置者の二人だけが残されることになったのだという。このようにセッラ神父たちがメキシコ市に着いた当時、ゴルダ山脈では修道士が極端に不足した状態にあり、ケレタロやサカテカスの修道院に救援要請する必要があったのだ。しかも、補充するのに六ヶ月ほどかかるという気の長い話だった。前述の理由でメスキア神父の管理下では原住民の言葉を習得する時間がまったくなく、それが「魂の征服」の遅れの原因となっていた。

セッラ神父、最初の赴任地

セッラ神父たちがスペインから到着した当時のハルパンの布教村は以上の状態だった。前述したように、セッラ神父と七名の修道士がゴルダ山脈の布教村に派遣されることになったのは、偶然と神父の熱意の結果だった。彼らは先のメキシコ市のサン・フェルナンド神学校を一七五〇年六月二日に出発し、サンティアゴ・デ・ハルパンと命名されていたゴルダ山脈の奥地を目指していた。ナワトル語を話すメヒコ族の先住民一人と警護のために兵士一人、鞍に大きな荷物を付けたロバ数頭を伴って、荒漠とした山脈の中の獣道を、十分な水や食糧も待たないまま彼らは歩いていた。この時、セッラ神父はガレ場のような道を裸足で歩いていたと、同行したパロウ神父はセッラ神父の伝記の中で綴っている。

「足にはたくさんの豆を作りながら、ふくらはぎの腫れが歩行を困難にしていた」

たぶん、それは想像以上に辛い道行きだったに違いない。六月十六日にハルパンに着いているので、二〇〇キロの旅程を十五日間で歩いたことになる。一日一三キロあまり。当時の人たちの一日の歩行距離が四〇キロを超えるのが普通の時代にしては、極端に短い。でも、ゴルダ山脈を目の当たりにすれば、それも素直に納得できる。

布教村に修道士たちが着いた時、村人たちは彼らを喜んで受け入れた。パロウ神父はその時のことを次のように書いている。

「それには大いに慰められた。老若男女、一〇〇〇人もの村人が、スペイン人によって造られた村の中心を行き交っていた。けれども、彼らは古来からあった状態で発見されていた」

この「古来からあった状態」とはどういう状態だったのか。衣服も着けず、食べ物を探し歩く、狩猟採集の状態だったのだろうか。

セッラ神父が十分な修道士もおらず、まともな教会もないこのハルパンの地区に入ると、先のメスキア神父による臨時統治時代の精神的な指導のたまもので、先住民たちがいい状態にあると直感したのだという。彼らの行動を観察するうちに、努力すればキリスト教徒を増やすことが可能な状態にあると感じたセッラ神父は、まずはヨーロッパ風の生活が便利で有意義で合理的だとパメ族に示し、そのことを喧伝することに情熱を注ぐことにしたのだ。

布教活動を始める前に、セッラ神父はパメ族との会話が重要であると考えた。そのお手本となる先生と称する者は、パメ族の中で言葉を学んだことのあるメヒコ族の先住民だったが、日常会話ではほとんど支障がないもののキリスト教の教義を説明するには不十分だった。そのため、さっそくセッラ神父は自らパメ語を学ぶことにした。セッラ神父の言語感覚は他の者から抜きんでていて、たぶん、彼の宗教的な情熱がそうさせていたのだと思うが、習得の早さは皆が驚くほどだった。彼はすぐに、原始的で不可思議なパメ族の言語に、キリスト教の教義と祈りの言葉を訳す難しい作業に取り掛かった。それは

「魂の征服」のために最も重要と思われる手段となったのだ。

パロウ神父はそのことについて次のように書き記している。

「彼はスペイン語の教義とパメ語のそれとを代わる代わる取り入れて、パメ族と一緒に祈りを始めた。このように、概して、我々の聖なる信仰は風変わりで奇妙な環境の中で行われていた。そして、教会の他の指導者（修道士）たちと一緒にパメ語で告白と聖体拝受を始め、年間行事の遂行に取り組んでいた。セッラ神父は神への奉仕についての熱心な講話を行うとともに、土着的な祭りの最中に告白と聖体拝受を行えるように彼らに機会を与えていた。例を挙げれば、サン・フランシスコ・デ・サレスの日（サレジオの記念日一月二十四日）のことだった。その日はすべてのパメ族にとって重要な祭りの日なのに、普段の日のように教会に集まってくる先住民に対して、公然と告白を受け付けていた。それは異例なことだった。そのことで神父は多くの参加人数を確保しようとしていたのだ。もちろん信心によって告白する者がすでにたくさんいて、幸運なことに、彼（セッラ神父）の最終目標（堅信の儀）を達成できるまでになっていた。ある日のこと、教会に一〇〇人が集まった日があった。またある日は四〇人ほどが集まった。それからは毎年、告白を終えた者はほぼみんな、堅信の儀を授かっていた。九歳になった子供たちだけには、教会に呼び出しをかけていた。この年齢の子供たちは、先のメスキア神父が洗礼を授けてはいたが、それをこまめに記録に残すことに熱心でなかったために、記帳せずにいたのだ。そのために、セッラ神父はこの地域でただ一人の住民の取りこぼしもないようにと、正確に書き留めることにしたのだ。セッラ神父とその同僚は、一人残らず住民に洗礼を授けることに執着し専念していた。と言うのも、パメ族は原野の集落で自由に暮らすことを望んでいたからだ」

セッラ神父のこの過剰とも言えるキリスト教化への執念は、同僚たちにも驚きを与えていたようだ。彼の伝記の著者パロウ神父でさえもそのことを特記しているように、彼の原住民に対する宣教は徹底していた。

「セッラ神父はパメ族がキリスト教を受け入れ、キリストによって導かれた信仰の上に彼らを解き放つために、主キリストや聖母、そしてすべての聖人の祝祭を彼らの心の中に刻み付けようとした。最も重要な主キリストと聖母マリアの祭りでは、歌によるミサを奉納し、その後、宗教劇の話をしてその日の祭りについて説明していた。村人全員が参加する行事のなかで、もっとも重要なもののひとつに『九日間の勤行』（クリスマス）がある。主キリストの誕生を祝う祭りで、それは夜が明けるまでぶっ通しで歌のミサが奉じられる。『ついに新しい年に我々が招待されましたよ』という合図、つまり、おんどりが時の声を上げるまでその歌は続けられた。こうして、その祭りは終わるのだ。その歌のミサは情熱的な対話形式で、短時間で先住民たちに乳児イエスの誕生を物語るものだった。セッラ神父が一部をスペイン語で、一部をパメ語で偉大な宗教劇を明快に語り、より多くの人に教え込む努力をしていた。こうした努力は神父に好意を抱かせ、パメ族の心を懐柔し獲得していた」

前述のように一八世紀のメキシコは、すでに今日の国土のほとんどがスペイン人によって征服され、先住民はスペイン人為政者によって統治されていた。スペイン国王はそこに住まう先住民をスペイン国民と同じ臣下であると宣言していた。こうした国王の大切な臣下のスペイン化が副王によって推進され、それを早急に達成するために、教育指南役として修道士を送り込んでいたのだ。

それは一五二一年にメキシコがスペインに征服されて以来続いていた政治と宗教の密接な関係だった。

ローマ・カソリック教皇を頂点とするスペインの宗教界は、新大陸での信者獲得を国王から託された。それを担当したのは世俗の宗教者でなく、いずれも自らの精神修養に熱心に取り組んでいたフランシスコ会、アウグスティヌス会、ドミニコ会、そして、半世紀ほど遅れて参加したイエズス会の四つの修道会だった。この四つの修道会は、アステカ帝国時代の地方都市の中心に修道院・教会を建設し、そこを拠点にその地方の布教活動に従事していた。しかし、一六世紀も終わりに近づくと、地方都市では信者数は減少することがあっても増えることがなくなっていた。それは、スペインから入植し、メキシコで事業を始めたほんの一握りの新貴族を気取るスペイン人経営者たちが、修道士たちの改宗したメキシコ先住民を、アシェンダ（大農場）や銀鉱山で奴隷や下男に等しい待遇で、低賃金労働者として使い、過酷な労働で死に追いやり、人口破壊を引き起こしていたからだった。経済人は金の力で王室に圧力をかけ、レパルティミエント（労働者分配制度）を成立させ、人口の集中する農村部から期間労働者を人口密度の低い山間部の鉱山や遠隔地に造られた大農場に送り込むことに成功していた。それに対して各修道会は激しく経済界を攻撃していた。修道士たちの努力の末に改宗し終えた先住民が、こうした悪徳経営者に殺されていることで、自分たちの功績が黙殺される結果となっていたからだ。ところが、皮肉なことにその修道会は王室から修道院・教会の建設や運営に資金援助を受けていたために、王室の決定に異議を唱えることができなかったのだ。

布教村を構想したのは、そうした修道会のジレンマを抱えた修道士たちだった。彼らは未だキリストの福音に触れることのないメキシコ北部に宣教のために入り込み、集落や耕作に適した土地を見つけてそこに布教村を設置し、新信者集めを試みていた。この動きは特に、遊牧民の漂流していたチチメカ領域、銀鉱山が発見された地域で活発になり、その規模も、スペイン人経営者を嫉妬させるほどになっていた。その辺の経緯は前著『「銀街道」紀行』（未知谷）を参考にされたい。
布教村の村民は、レパルティミエントの対象外とされ、もし、出稼ぎに行く場合でも布教村を管理する修道士の許可が必要だった。修道会は農耕作や牧畜で内部保留した資金を用いて、さらに奥地に新しい布教村を建設し、その規模はスペイン人入植者のアシェンダをしのぐほどになっていた。一八世紀には、特にイエズス会は膨大な資金を蓄積していて、メキシコ北部の銀鉱山地帯を通り越してカリフォルニア半島に進出し、そこに多くの布教村を建設し残していた。

セッラ神父とその仲間がサンティアゴ・ハルパンの布教村に着いてすぐ、「魂の征服」のために考え得る可能な限りの方策を練っていた。まずはそこに集まってくるパメ族がそこから離れて行かないようにするために、彼らが求めている食べ物や着る物を与え、布教村に定着するように促していた。また、セッラ神父たちが考え出した労働の仕組みも特記すべきものだ。個人の能力差や運不運を埋め合わせるために共同体方式を考え出した。みんなで牡牛、牝牛、豚、馬、ロバ、羊毛のための羊と数頭の犬を飼う。牡牛は農耕用に、牝牛は搾乳と繁殖に、馬やロバは荷役や馬車に、羊は羊毛と肉に、犬は家畜の管理のために有用だった。そして、畑には食糧となるトウモロコシや小麦、マメを撒いて、それをみんなで収穫した。一年目にして領主や官僚、それから警護に当たる兵士を扶養するために納めなければならない租税を支払っても三〇〇ペソほど余っただけでなく、結婚や葬式、日常のミサによって得られたお布施や慈善家からの寄付などを含めると、かなりの金額になった。ちなみに三〇〇ペソといえばこの時代の修道士一人分の年俸に匹敵する金額だった。翌年にはそれに加え、灌漑用水を引いて農産物を短期間で手に入れるこつを習得させ、作物の種類を増やすことにも成功した。そして、徐々に年間収量が増えていた。教会ではキリストに祈った後に、天候を司る天国への祈りを欠かすことはなく、毎日それを繰り返していた。布教村の収入は村人みんなを扶養するのに十分で、費用を差し引いてもかなりの余剰が出てきていた。修道士たちはそうした余剰分を市場で売るように指導し、その売り上げで何頭かの牛のつがいと畑仕事の道具、仕事用のサンダルなどの必需品を買っていた。

メキシコ市やケレタロ市からはこうした仕事に使う物ばかりでなく、寝具や履き物、衣服が持ちこまれるようになっていた。その結果、布教村で働く先住民のヨーロッパ的な生活様式が、村外のパメ族たちから羨望のまなざしで見られるまでになっていた。狩猟採集生活とはちがった農業や牧畜による仕事を通して得られる収穫物が、家族の生活用品や食糧を補償しているのを村外のパメ族が目の当たりにして、布教村での訓練に意味があることだと気がついていた。修道士たちの見事な策略だったのだが、それは「魂の征服」にとってより重要で有効な方策だった。だからといってパメ族は勤勉に働くことが重要だと気が付いたわけではなかった。そのために修道士たちは個々の知識や能力を考慮して、仕事をよく理解した者を認証する方法を考え出し、よく働く者と躾が悪く不平ばかりをたれている者や歳でガタがきていると言って働かない怠け者を区別していた。

セッラ神父たちがゴルダ山脈に入った最初の年には、家族の中の代表者一人を特別な技術を学ばせるために集め、支援し、元気づけ、自分の家族を指導する自信が得られるまで職業訓練を指導していた。そうした技術を代表者が家族内で広め、女や子供も等しく技術を身につけるまでになった。こうして、布教村のパメ族は短期間で修道士から知識や技能を習得し、布教村の利益増大に貢献して外部から高価なものを入手できるまでになっていた。

いっぽう、農業においてもパメ族は長期間にわたり集団生活することで、トウモロコシ、チレ、フリホール豆、カボチャなどの種まきや収穫の楽しみを知るようになっていた。またそのことで彼らは狭い土地の管理にも丹念に注意を払うようになった。副王は五つの布教村に家畜一番《つがい》と種籾一袋を与えていたが、こうして得た収穫物の中から彼らが分配し終えて食べる必要のない余剰分を売り、そのお金で着る物の足しに、あるいは農作業用の馬を買った。メス馬やロバを買うときには、家畜取引業者にだまされないように、みんなはそれらの善し悪しを熟知している神父の指導に従っていた。

パロウ神父の書いたセッラ神父の伝記には次のようにある。

「セッラ神父は布教村のパメ族が畑や牧場で楽しんで働いているのを確認すると、大勢の人間を収容できる石造りの大きな教会の建設計画を発案した。彼は自分の考えを誠心誠意、布教村の村人に説明していたが、彼らは喜んで彼の考えに賛同していた。村人は自ら手身近にあった石や砂、石灰、漆喰を運び集めることを申し出るとともに、大勢の人夫を準備してくれた。メキシコ市から連れてきて、そこに定住させたメヒコ族が頭領となり、この仕事（作品）の段取りを与えると、村人は乾期や畑仕事のない時に集まってきてよく働いていた。そして、七年の歳月の後に奥行き五三バラス（四四メートル）、幅一二バラス（一〇メートル）の立派な教会が完成していた。教会の顔にあたる正面にはサンティアゴの像とそれにふさわしい十字架を配し、さらには円天井の聖器室、サント・セプルコに捧げた礼拝堂も同様に造った。そして、聖週間（セマナ・サンタ）の楽しい行事に関心を示すよ

巨大なハルパンの伝道所

うにと彫像を配置し、キリスト受難の彫像を飾り付けた。また、教会の両壁に金箔が施された背の高いレタブロ（壁型祭壇）が備え付けられ、聖歌隊席の中にはオルガンが備え付けられた。そのためにミサでの聖歌のオルガン伴奏を担当するパメ族に、その手ほどきする先生を急遽探すことになった」

教会内のレタブロや肖像、彫像、聖具、聖器類は国庫から、あるいは内部留保によって得られた蓄えによって、メキシコ市やスペイン本国から購入した。いっぽう、教会本体の建物は布教村の村民の労力によって築き上げられた。パメ族たちはこの教会建築のような大仕事を通して、さまざまな専門職の能力を身につけていった。たとえば、左官工、木工大工、加治工、絵師（ペンキ屋）、金メッキ工（金箔工）、銀細工師、石工などだ。さらに、特筆すべきは、セッラ神父は自分の休みを返上して、女たちへ手に職を付けることにも情熱を注いでいた。女性に向いた仕事だと判断すると、彼女らを躊躇することなく雇い入れた。例えば、糸紡ぎ、はた織り、靴下作り、編み物、縫い物などだ。種まきや収穫期以外の農閑期には、リュウゼツランの繊維から縄、ゴザなどの民芸品を作っていた。こうした地場で採れる材料を加工して製品にしていたばかりでなく、よそから綿を買ってきて、それを女たちが紡ぎ、織り、縫ってマントに仕上げていた。そうした物を近くの市場に持って行き、寝具や織物と物々交換していた。さらに宗教税（一〇分の一税）を払った後の残り分とミサでのお布施から、教会の石を積み上げていた煉瓦工や石工に日当を払っていた。

その教会建設の仕事が一段落するすると、村人たちは本来の仕事に戻り、畑仕事に精を出して大いに収入を増やしていた。いっぽう、修道士たちは布教村の管理の仕事でお布施を受け取ることを本業としていた時よりも、もっと多くの蓄えができるようになっていた。その結果、ハルパンの布教村の穀倉には五〇〇〇ファネガ（袋）のトウモロコシが山積みされていた。

セッラ神父のこの方策は、ほかの四つの布教村の修道士たちの指針となった。その四つとはコンカ、ランダ、ティラコ、それからタンコヨルだ。それぞれに立派な教会が建てられた。セッラ神父の居るハルパンではスペイン王国の守護聖人アポストールのサンティアゴに捧げられ、ランダは無原罪の聖母に、ティラコは熾天使サン・フランシスコ神父に、コンカは大天使サン・ミゲルに、そしてタンコヨルは光の聖母に捧げられたものだという。

それではこれから、ゴルダ山脈のこれらの布教村を案内することにしよう。

*

サンティアゴ・デ・ハルパン（口絵参照）
ハルパンの町はこの地方の中心で、ほかの四つの村に比べても人口が一番多い。前述のごとく、なだらかに北東に下る丘の中腹に村ができ、その中心に巨大なモニュメントである教会と修道院、その前にソカロ（中央広場）がある。広場の西にはすでに一六世紀に要塞として建てられ、現在、郷土資料館となっている建物がある。メキシコのどの町でもそうだが、ソカロに面して町の主要な建物が集まっている。町の庁舎や図書館、文化施設などの公共施設、ホテル、宝飾などの商店、レストランなどが肩を寄せ合っている。しかし、その建物の裏側は深く落ち込んでいて、ハルパン川のある谷を形成している。今はそのわ

伝道所前の市民の憩いの場ソカロ

蛮族の襲撃を許さない堅牢な要塞（16C）

レリーフによる土着的な模様で装飾された教会正面

ずかばかりの河川敷に運動場施設や学校が建てられているが、昔はそこが主要な耕作地であったと思われる。村の立地の都合だと思うが、一七五一年から五八年にかけて建設された教会の入り口は北東を向いていて、正面に日が当たるのは午前中の早い時間に限られている。その時間を逃すと、見事なバロックのこの教会の正面装飾に光が当たらなくなり、逆光の写真に甘んじなければならない。さらに、山がちな気候のせいか空模様がクルクル変化し、そのために何度か教会撮影のために足を運ぶことになった。

ベージュ色の地に黄色による細かな模様と、赤色の柱や軒で強調されたその正面装飾は、全体が大きく三つの部分で構成されている。その最上段には明らかに一体の完成された彫像を配したと思われる壁龕が見られるが、一八九八年にこの教会の守護聖人サンティアゴのオリジナルの彫像に代えて、時計が鎮座することになったのは何とも残念である。表にラッパのように開いた菱形の窓は、下の入り口の上に開いた装飾同様、貝殻をモチーフとしたもののようだ。この貝殻模様はこの時代のメキシコ各地の教会でよく用いられる意匠だ。聖歌隊席の明かり採りであるその窓にはカーテンの装飾があり、ひらひら舞う天使がそのカーテンを開き支えているのが見える。

その同じ二段目に、二体のマリア像が見られる。左がグアダルーペの聖母で右がピラールの聖母。前者がメキシコに出現した聖母、後者がスペインに出現した聖母である。この二体は旧世界と新世界の融合を表現していると思われる。

中央部、聖歌隊席の明かり採りの窓の下に、二つのフランシスコ会の紋章がある。一段目と二段目の間にある切り妻屋根の形をした中央部に、十字架と二

フランシスコ会の紋章のレリーフ

本の腕のある奇妙なレリーフが見られる。それはフランシスコ会の旗のレリーフで、磔《はりつけ》にされたキリストの右腕と、聖痕を授かったとされるサン・フランシスコの左腕だ。この図像はこのハルパンの主テーマであるかのようにさえ見えるが、ここゴルダ山脈のどの教会にも登場している。ところが、今までメキシコの一六世紀から一八世紀に建てられた修道院・教会をかなりたくさん見てきたと自負する私だが、この「十字架に二本の腕」の旗の装飾に巡り会うことはなかった。その珍しい旗のレリーフの下方に、もう一つの小さなフランシスコ会の旗のレリーフが見える。それは私も何度も目にしたことがあるものだ。磔にされたキリストの五つ聖痕、両腕、両足そして胸の血痕をデザインした一六世紀のフランシスコ会の修道院・教会によく見られる印だ。

この正面装飾の一段目の入口の両側に、右にサン・フランシスコ・デ・アシス、左にサント・ドミンゴ・デ・グスマンの彫像がある。教会の建設を担当したのはフランシスコ会のセッラ神父だったが、このハルパンの布教村を最初に立ち上げたドミニコ会に敬意を表して二つの修道会の設立者の彫像を配している。この二つの彫像の下には、抽象化された冠を乗せた双頭のワシが蛇をむさぼっている図像が見える。ワシと蛇と言えばアステカ帝国時代の意匠だが、キリスト教の教会の装飾に登場しているのは、偶然なのか、それとも修道士たちがパメ族との信仰の習合を許した結末なのかわからない。

教会の右に二つのアーチの修道院の入口がある。普段は扉が閉じたままで中

ハルパンの女子高生、何故か親しみを覚える

修道院の回廊と中庭

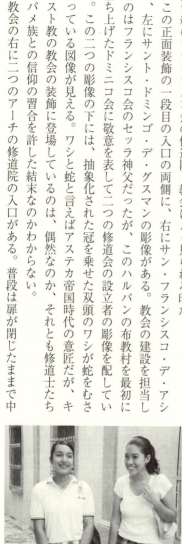

をうかがい知ることはできなかったのだが、ある日その扉が開いていたので中に入れさせてもらった。それほど広いスペースではないが、真ん中に噴水があり、植物がメキシコの熱い太陽光を遮っていた。修道士たちの過ごすいくつかの部屋が回廊に面してあった。セッラ神父とその同僚がここで過ごした一〇年の歳月を想像してみた。パメ族の改宗、そのパメ族を支える生活基盤の確立、その上に成し遂げた教会建設。それだけの事業をどうして、短期間で完成させることができたのか、不思議でならない。

町は教会を中心にして開けた。急速に発展を遂げた銀街道の町、サン・フアン・デル・リオやケレタロから険しいゴルダ山脈を突き抜け、ベラクルス州タンピコ方面に向かう一二〇号線がここハルパンを通過するが、六九号線がこのハルパンから北のコンカやサン・ルイス・ポトシ州のリオ・ベルデに向かっているために交通の中継点になっている（36頁地図参照）。町はそうした街道にそって発展した。今日では世界遺産になったこの地方の五つの教会のおかげで揺るぎない観光地に格上げされたが、だからといってどこにでもある観光地のように客扱いに慣れているわけではなく、その素朴さに本当に好感を覚えるのは私一人だけではないようだ。フランスやデンマークから長期休暇を貰って滞在している女性たちに出会った。ハカランダの赤い花の絨毯の坂道をゆっくり上り下りして、セッラ神父が過ごした二五〇年前の緩やかで、しかも心満たされた時に触れるのもいい。

ハカランダの巨木のある街並み

アートセッションに参加する
ヨーロッパからの長期滞在者たち

サン・ミゲル・コンカ（口絵参照）

ハルパンから六九号線で四〇キロほど北上すると、道路沿いの広大な耕作地の西にコンカの町がある。町への取り付け道路の両脇は何棟も続くビニールハウスが占領していて、その広大な土地で、筆柿の形をした真っ赤に熟れたトマトを栽培していた。その規模の大きさに私は度肝を抜かれてしまった。トマト畑の作業員はちょうど昼飯休憩で、たき火の上に置かれた鉄板でエンパナーダ（トウモロコシの焼きまんじゅう）を焼いて食べていた。この昼時間を終えれば、またこの広い畑で際限のない畑仕事に着かなければならない。けれども、彼らの顔に笑顔こそあれ、疲労など見られない。

町には人がいなかった。みんな働きに出かけているのだろうか。お店もない。そういえば動物の鳴き声も聞こえない。みんな眠っているようだ。町中そろってシエスタか。

コンカの町は教会の側面に沿った南北の道とそれに平行するもう一本の道が主な道で、その道に面して家が建っている。今日では道が舗装されて石やコンクリートの建物になっているから、布教村ができた当初、草葺きの小さな家がこのあたりに点在していたとはどうしても想像できない。

コンカの教会はそれを囲む古びた石の壁の向こうに南を向いて建っていた。石の階段を数段上って教会の前庭に入ると、ピンクと白の紙飾りの付いた複数

たき火を囲んで昼食時、世間話に花が咲く

延々と続くトマトのハウス

のロープが、教会正面の頂上を要とする扇のように前庭を覆っていた。祭りが近々あるのかもしれない。そういえば前庭の中の鉄細工の十字架に、シュロの葉で作った花飾りが、メキシコの太陽に光彩を放っていた。

一七五四年から一七五八年にかけて建設されたこの教会の正面装飾は、最下部の入り口のアーチの形がほかの四つの教会と異なり、軽快なアラベスク様式を見せている。この教会で最も注目すべきは、最上端の中心に、サンティスマ・トリニダド、三位一体の彫像が配置されていることだ。父なる神と息子のキリスト、それに精霊が白い球体の上に片足をのせて休息のポーズをとっている。その白い球体とは水陸からなる我々が住む地球なのだが、彼らがこの地球を支配していることを示している。

その正面装飾のそのトリニダドの像の下に、一体の大きな像がある。この教会の守護聖人サン・ミゲル・アルカンヘルの像だ。彼は鎧甲を着け、剣を右手に持って、倒れたままの悪魔の上に足を乗せている。悪魔は無様な格好で今にも軒から突き落とされそうになっている。

また、そのすぐ下にはハルパンと同様に聖歌隊席の窓が開かれている。トランプのダイヤの形をした奥行きのある優雅な窓で、鶯色のカーテンが浮遊する天使によって今まさに開かれた様だ。窓はまるでスピーカーのようにも見える。そこから天使たちの歓喜の歌声が聞こえてきそうだ。そのすぐ下、入口の大きな開口部の上に、ハルパンでも見た十字架にキリストとサン・フランシスコの腕が交差するフランシスコ会の旗のレリ

古びた石段を上って中に入るとおとぎの国の教会が目にとび込んできた

頂上を支配するトリニダドの像

先住民への絵解きのための教会正面（部分）

ーフが、王冠を支えている二人の天使によって吊り下げられている。そのレリーフは緑の大きな葉っぱによって縁取られているために、ハルパンのものと比べても一層優雅に見える。また、その旗はフランシスコ会の修道士のシンボルともなっている腰紐で縁取りされている。この腰紐は、サン・フランシスコがその生き方で対立していた父親と絶縁した折りに、それまで身につけていた贅沢な衣装を脱いで父親に返した後、近くにあったわら縄を腰に巻いて立ち去ったという言い伝えによるもので、清貧をこの修道会が宗教信条としていたことと関係あるシンボルだ。

それぞれの段のすべての間隙に所狭しと、花や葉、ブドウの房の装飾が施されている。まさにメキシコの田舎風バロックの特徴を表している。

二段目、先の旗の両端には、サン・フェルナンドとサン・ロケの彫像が納められている一対の壁龕がある。前者は右手に紋章を持っていて、左手に地球儀を持っている。サン・フェルナンドはスペイン国王の守護聖人であると同時にセッラ神父をこのゴルダ山脈に送り込んだメキシコ市のフランシスコ会の神学校サン・フェルナンドの守護聖人でもある。いっぽう、サン・ロケはフランシスコ修道会の第三会（フランシスコ会内の在家僧侶の集団）の聖人である。サン・ロケはマントを羽織り、巡礼用ひょうたん付き錫杖を持って立っているが、彼に離れずに寄りそう犬がいるのが見える。その図像は、サン・ロケがペストの病気にかかり、隠遁のために人里離れた森の中で暮らしていた時、忠犬が彼の傍にいて、彼にパンを運び、彼の足の腫物をなめていたとの逸話からのものである。そういえば、犬がサン・ロケの足をなめているようにも見える。

正面装飾の一段目左に、頭部のかけたサン・フランシスコの彫像がみえる。その像も犬を伴っている。そして、右にはサン・アントニオ・デ・パドゥアの像がある。

この正面装飾は二つの大きな控え壁によって支えられている。この控え壁の下部に施されている装飾は、まるで長方体の煉瓦を積み上げたように見えるだまし絵になっている。これだけの面積をほとんどくるいもなく緻密に描き上げたパメ族の絵師を賞讃し、敬意を表したくなるような作品だ。前述したようにこの教会が建てられ始めたのは、セッラ神父と彼の同僚がこの地に到着して、数年後の一七五四年で、完成したのは一七五八年だという。その短い間に、壁塗りの技とフレスコ画の腕を磨き、この精密なだまし絵を完成させたことから察すると、彼らが着るものも持たず、好戦的で社会生活からほど遠い野蛮な生き方しか知らない蛮族であったという評価に、何の根拠もないことに気がつく。考えてみれば、彼らは紛れもない弓の名手だったのだが、その弓を作るにしても、矢を作るにしても、そのヤジリを加工するにしても、かなりの精度を追求していたことは想像に難くない。つまり、もともと彼らは指先が器用で、物作りに適した能力と根気とを持っていたのだ。

右の控え壁上部の一輪の花を添えられた灯火台下の兎が、冠を抱いた双頭の鷲（ここでは蛇はいない）のうえにいる。研究者たちはこれを習合のケースとみていて、そこに先スペイン期の宗教的なシンボル、月（兎）と太陽（ワシ）がそのキリスト教のイメージと合体されているというのだ。そうした研究成果を除外しても、この正面装飾全体の完成度の高いレリーフや彫刻物にパメ族の痕跡が残されていることは疑いない。

教会の北側は崖になっている。教会脇の道を南に下って行くと小川のある道にぶつかった。その小川に沿って道なりに今度は北に向かうと、ちょうど教会の下あたりに何面もの方形の魚の養殖場のような池が見えてきた。緑の土手で仕切られた水面は鏡のように滑らかで山と空とを鮮明に映し込んでいる。中をのぞき込んだが魚らしきものは見えなかった。山々の木々から滴り落ちた水がここに集まってきて、この池を作っているのだ。

かつて、パメ族が狩りのためにこの水辺に立ち寄ることを知った修道士たちは、この周辺に住む彼らを取り込むために、この地に布教村を建設することを決めたのだ。広く平らな耕作地のある高台と、風にわずかにさざめく水の風景を持つコンカは、修道士たちの目には桃源郷のように映ったに違いない。

風の音も、流れの音も、鳥のさえずりも、虫の声も、動物の呼吸音も聞こえない完全無音の風景の中

水鏡に映る景色に息を飲む

に、私一人がポツンと立っていたのだが、滴り落ちる水滴のような涼やかなもので私の心が満たされて行くのを感じていた。私は目をつむり深呼吸をしながら、夢の中のような風景に身を任せていた。

サン・ミゲル・デル・アグア・デ・ランダ（口絵参照）

ハルパンから一二〇号線を東に二〇キロほど進めば、ランダの町に着く。一二〇号線沿いにこの町がある。つまり、かつてこの道は、布教村同士の連絡路だったのだ。道の両側は丘になっている。つまり雨樋の底のようなところに町があり、そこが中心になっている。けれど、町と言うにはいささか殺風景で、家が密集しているようには見えない。それは木立の中に家が隠れているせいかもしれない。

一七六〇年から六八年にかけて建設されたランダの教会は一二〇号線の道から、北に二〇〇メートルほど上ったところにあった。教会前には小さな公園があり、その北にコンカの役場があった。

この教会は「無原罪の聖母」に捧げられたもので、サンティアゴ・デ・ハルパンの教会とほぼ同じ設計プランによるものだ。しかしながら、少しだけ変化がくわえられている。

教会正面装飾は三段の構成からなっている。一段目にはサント・ドミンゴとサン・フランシスコの彫像が見られる。この布教村の設置に関係ある修道会の

なだらかな勾配のある土地に建てられた伝道所

120号線の両脇にランダの布教村がある

イスにかける神学者エスコテ（左）と作家アグレダ（右）

全体が赤い印象の教会正面

聖人を同等に扱い、同じ形の壁龕に納められている。かすれてきているが、それぞれの修道会の紋章の入った旗を手にしている。三段目まで長く伸びているエスティピテの装飾柱によって、それらの彫像は両側を護られている。注目すべきはその装飾柱に掘られた小さな壁龕である。それはメキシコにおけるバロック後期の珍しい様式である。その装飾柱の壁龕の中には四人のフランシスコ会の聖人像が奉られているのだそうだ。

入口の上の、第一段と第二段との間にある空間、「天国の門」のようなところに、四人の天使に囲まれた聖母像がある。上の二人はカーテンを開いて聖母出現を演出し、下の二人は、香壺を振ってそれを祝福している。そのすぐ上には、二人の天使によってサン・フランシスコのシンボルである腰縄で縁取られた八角形の窓がある。それは聖歌隊席の明り採りの役目を担っているのだが、天使の歌声で村人に呼びかける拡声器のようでもある。その横はフランシスコ会の旗のレリーフによって固められている。それはハルパンやコンカで見たものと同じだ。

その左の旗の下にはスコットランド人の神学者ドゥンス・エスコト（一二六六～一三〇八）、そして右の旗の下にはスペイン人作家のソル・マリア・デ・アグレダ（一六〇二～一六六五）が手に羽ペンを持って机に向かい、書き物をしているレリーフが見える。こうした机や椅子などの調度が正面装飾に登場するのはきわめて異例なことなのだが、修道会の中でもアウグスティヌス会の修道院・教会の壁に、椅子にかけた修道士の肖像が列挙されている教会があるのを私は知っている。一六世紀建造のイダルゴ州アクトパンの修道院・教会の階段スペースの壁一面の墨絵、それからもう一つ、メキシコ州アコルマンの修道院・教会の、教会内陣の壁のパノラマ状の墨絵を思い出す。いずれも見ごたえのある装飾作品なのだが、このことから察すると以前にこの地で活躍していたアウグスティヌス会に敬意を示したものとも考えられる。

アクトパン、アウグスティヌス修道会の聖人の墨絵

二段目には左右に、尊敬をこめてサン・ペドロとサン・パブロの彫像が見える。三段目には装飾的な庇のある壁龕の中に三人の殉教した助祭が並んでいる。左にはサン・エステバン（三五年没、神殿偏重のユダヤ教を批判したユダヤ人キリスト教徒、石打の刑で殉教）、右にはサン・ビセンテ（三〇四年没、当時、キリストの迫害が厳しかったサラゴサで殉教）、中央には頭部のないサン・ロレンソ（二六〇年ごろ没、皇

帝に教会の財産を貧しき者のために供出するように求められた時、彼は教会に集まる貧者や病人を示して「これが教会の全財産です」と言って皇帝の怒りを買い、処刑）の像が見える。彼の右手に格子状のものが見えるが、それは焼き網で、その上で焼かれて殉教したとされる。ロレンソの体を焼いて貧者に振る舞うようにという悪意が込められていそうな、身の毛もよだつ話だ。いずれの像も殉教の印としての棕櫚の枝を一本持っている。これらの壁龕の間には、装飾角柱が走っている。女人像柱の形の柱で、静物のほかに珍しい人魚が上部を支えているのが見える。これら三人の聖人の間に、二つのメダル状の装飾が見られる。左がキリストの「十字架からの降ろし」を表すもので、右がキリストの「むち打ち」を表している。

さて正面装飾の最上部には漆喰で整形された筆型の瀟洒な尖塔を六つ持っている。最上部中心には金属製の十字架があり、その下にはサン・ミゲル・アルカンヘルの像のある壁龕がある。それはコンカと同じで、彼の足元には悪魔が無様な顔を見せている。

この正面装飾の壁はベージュ色の地に赤で彩色されているため、他の四つの教会に比べても全体が赤い教会になっている。その赤が多用されているのには理由がある。このランダ近郊には辰砂（赤色硫化水銀）を産する地層があり、それが顔料として使われたからだ。その赤がこの町の顔となったというわけである。

3人の殉教した助祭の彫像

サン・フランシスコ・デ・バレ・デ・ティラコ（口絵参照）

一二〇号線をランダからさらに一〇キロほど東に進むと、ティラコに向かう道の入り口に着く。そこからは公共の乗り物はなく、乗り合いタクシーでティラコに向かうことになる。幸いにもすぐにティラコ行きの乗客がそろって発車した。だが最終地点のティラコまでゆく者は私以外なく、みんな途中で降りていってしまった。タクシーは私一人を乗せて山を越えた。とたん、眼下の薄い雲の筋の下にティラコの耕作地が広がった。その緑の絨毯の中に赤と黄色の教会の建物が見え隠れしている。ティラコの集落はその一本の道に張り付いていて、舗装が途切れるあたりにティラコの教会があった。四方を山にかこまれた盆地だが、教会の前庭からその耕作地を見回してみてもかなり広く、豊穣を約束された恵まれた耕作地であるようだ。

一七五四年から一七六二年にかけてファン・クレスピ神父の指導の下に建てられたこの教会は、この地方の他の教会と比べても白い壁がそのデザインに清涼感を与えている。その正面に立ってみれば、左から鐘楼の塔の土台、その隣にほぼ真四角の教会本体、右には修道院部の入り口のアーチがある。教会本体の装飾部分は、まるで白い額縁の中にはめ込まれた絵のように見え、その白い壁と装飾部分の色彩的ハーモニーが素晴らしい。四方を山に囲まれたこの田舎の村に、輝く宝石のようなこの教会がどうして残されることになったのか不思

山は青き、水は清き郷里

峠を越えるとティラコ盆地が眼下に見えた

ポーサから見る伝道所全景

華やかな色彩を持つ正面

議だ。装飾過多で饒舌な教会の入り口は、祈りの場を訪ねてくる者たちを飽きさせることはない。その正面装飾がほかの四つと酷似しているのは、セッラ神父を筆頭とするサン・フェルナンド神学校の修道士たちと、ここに住んでいたパメ族の民族的な美意識によって練りに練り上げられた成果物であるからだろう。それは当然だが、フニペロ・セッラ神父指導の下に作られたハルパンのものと比べると、規模こそ小さいがレリーフの奥行きがいっそう際立ち、色の数も増えているせいか一層華やいで見える。

その正面装飾の構成は三段からなる。最初の段には貝殻模様の付いたアーチと花や植物で縁どられた入口である。その上端隅では天使が信者を出迎えている。それはハルパンと同じだ。その入り口の両側にそれを支えるかのように細かなレリーフのついた豪華なサロモニコの一対のらせん柱がある。それぞれの柱の間にはサン・ペドロとサン・パブロの彫像がある壁龕が穿たれている。

一段目と二段目との間の、軒と梁に見える水平線の間の小さな隙間に注目すれば、その中央にはおきまりの、十字架にキリストとサン・フランシスコの腕の交差するフランシスコ会の旗のレリーフが見える。先の軒を支えるかのように四本のサロモニコの頭柱には人魚像があり、それが二段目のエスティピテの角柱を懸命に支えているように見えているのもけなげだ。

二段目にはその中心に優雅なひし形の聖歌隊席の窓が見える。その窓は貝殻をモチーフにしたものと言えなくもないが、むしろ開花した花をイメージして作られたもののように思う。中心部のガラス格子の花芯から花片が放射状に開いている。その花片の先端が壁面から飛び出ているために、よりいっそう花のモチーフを連想させる。それがほかの四つの教会の窓に比べても豪華な印象を与えている理由である。この窓の金色のカーテンを二人の天使が開いている。それは他の教会でも同じだが、ここティラコの教会の場合、そのカーテンの黒地に白い紋様の裏地がこの窓の意匠を数段、優雅に見せている。天からの歌声が聞こえてきそうだ。下方にいる二人の天使は果実のたわわについた枝をぶら下げ、神の世界が豊かで実り多いことを示唆している。窓のあるこの二段目は聖家族を表していて左に無原罪の聖母と右にキリストを抱いたサン・ホセ（キリストの父）の彫像が見える。

三段目にはその中心にこの教会の守護聖人であるサン・フランシスコ・デ・アシスの彫像が、左手には骸骨をもって天使の開いたカーテンの中から姿を表す。そのサン・フランシスコ像の足下は豪華なステージになっていて、それも見逃すわけにはいかない。その両側には一対の楽器を持った天使が聖人を讃える音楽を奏でている。右はバイオリンで左はギターだ。そのすぐ脇には二段目のエスティピテの装飾柱が繰り返して出てきている。その柱には花や果物、植物の葉、ツタのほか、頭に羽根飾りをつけたインディオの顔とおぼしき悪魔、そして、ワシや天使が登場する。それらはその上の洗練された壺か尖塔らしきものを支えている。さらに、右の白壁の頂上にも尖塔が乗っかっているが、その足下に子連れのライオンが張り付いてはるか西の空を見ている。またこの教会の最頂上には、赤、黄、緑の絵の具で彩色されたトロフィーのような不思議な形の飾りが乗っかっている。それらが何を表わしているのか解らないのは残念だ。

教会前の庭には興味深い八角形の台座の上にある鉄製の十字架がある。一六世紀の修道院・教会の前庭にある十字架は、先住民の重要なピラミッドのある地点だと私は考えているのだが、この台座も形体からしてかつてここに先住民の大切な神殿や祠があった地点ではないかと想像してしまう。ゴルダ山脈の教会で見るこうした鉄細工の十字架は共通した特徴を持っているが、デザインが全く同じだというわけではない。ちなみにこの教会のドームの天辺に付いている鉄の十字架も意匠が異なっていて、そこに鉄細工師の遊び心が感じられる。

前庭には巡礼用のお休み所としてのポーサと呼ばれる礼拝堂があり、アラベスクのアーチを逆さまにした波形の厚い壁で囲われている。再び正面に目を転ずれば右の修道院の入口は回廊のあるパティオに繋がっているのがわかる。それは三つのアーチによってできていたが、その内の二つは今は壁でふさがれている。かつては開放型礼拝堂の役目を担っていた可能性が大いにある。太陽を

ティラコにはゆったりとした時間が流れていた

サン・フランシスコと楽器を奏でる天使

深く信仰していた先住民が、暗い教会に入ることを拒んだことから、修道士たちが考え出したメキシコ特有の礼拝堂である。そのことから推測するとゴルダ山脈のパメ族に与えられたこうした田舎風バロックの華やかな正面装飾は、やはり、教会に入ることを拒んだパメ族を前庭に集め、絵解きをしながらキリスト教を説くための大仕掛けだったのではないかと思えてくる。

ヌエストラ・セニョーラ・デ・ラ・ルス・デ・タンコヨル（口絵参照）

ティラコの入り口からさらに五キロほど一二〇号線を東に進むと、タンコヨルに続く道の入り口がある。そこから四〇キロほどの山道を車に揺られて行くと、広大な耕作地が見えてくる。ハルパンやランダに比べたら布教村を建設するには素晴らしい立地である。ここには今でもパメ族の住む集落があり、彼らは日常的にパメ語を話しているそうだ。このタンコヨルの教会は丘のなだらかな東斜面に位置し、その周辺には学校や公共施設があり、商店と住民の家が寄り添っている。今はすっかり石やコンクリートの家が主流だが、かつての日本家屋のような板張りに波板トタン屋根の家も残されていて、東北の田舎で育った私の郷愁を誘うものがある。

このタンコヨルにも豪華な正面装飾を持つ教会がある。この地区に建てられた五つの教会の中で最後に建設された教会で、一七六一年から六八年にかけて建設された。その豪華さにおいては前庭でも同じで、二つのポーサと呼ばれる

トウモロコシとヒマワリの畑が広がる（タンコヨル）

村人は友好的。よそ者を警戒することはない（ティラコ）

礼拝堂、そしていくつもの優雅な尖塔を持った庭を囲む壁、それはバルセロナはガウディのグエル公園を連想させる曲線と色彩を持っている。またその中には八角形の台座の上に、教会の鐘楼を模した太く丸い柱があり、その上に鉄細工の十字架が立っている。前庭に立てば視線はおのずと左の空に突き刺さる鐘楼に導かれる。その一段目は六角形で二段目は円形になり、その上には円錐のとんがり屋根が乗っかっているのだが、その屋根の部分を望遠レンズ越しに見たら、複雑な模様が施されているのに気がつき、これを創った人たちの熱意に改めて驚かされる。

ここタンコヨルの正面装飾は、人を恍惚とさせるものがある。視野を広くして見回してみれば、横に

鐘楼は前庭の十字架のある塔と同じ型をしている

物語に富んだ教会正面

走る梁に区切られた四つの部分から成り立っているのがわかる。

一段目には入口のアーチがある。アーチ上部の両隅の三角形の間隙にふたつのフランシスコ会の旗のレリーフが見えている。左に例の十字架と二本の腕が、右に五つの聖痕（礫でできた傷痕）で、他の四つの教会でも見られたものだ。だが、ここではかなり控えめだ。その理由については後述することにする。両サイドにはその上の二段目に伸びている一対のエスティピテの角柱がある。その二本の柱の間に、頭部のないサン・ペドロとサン・パブロの彫像が花模様の優雅な台座の上に乗っている。入口のすぐ上に軒が横切っている。そのすぐ上に、かつてこの教会の守護聖人ヌエストラ・セニョーラ・デ・ラ・ルス（光の聖母）の彫像があった壁龕があり、二人の天使がカーテンを開いて聖母出現を出迎えている。その壁龕は、今は残念ながら空だ。

この二段目の両側にサン・ホアキンとサンタ・アナの彫像がある。サンタ・アナの腕の中に聖母に手渡すべきニーニョ（乳児キリスト）がいるのが見える。三段目には頭部のないフランシスコ会の聖人アントニオ・デ・パドゥア（一一九五～一二三一年、説教に優れ、民衆に人気のあった聖人）と前述した犬と一緒のサン・ロケの彫像がある。こうした聖人像の他にこの教会の正面装飾の中で最も注目すべきは、先の二つの彫像の間、聖歌隊席の明かり採りである六角形の窓の上にあるレリーフだ。窓の上の広いスペースの右に礫のキリスト像が見える。なぜか十字架に羽が生えていて空を飛んでいる。また左やや下方にはサン・フランシスコ・デ・アシスの彫像が、これまた空間に浮いているのが見える。興味深いのはこの二つの像の間には赤い五本の線があり、それぞれが体の同じ部位を繋いでいることだ。サン・フランシスコがキリストに操られたマリオネットのようにも見えるし、反対にサン・フランシスコがキリストのたこ揚げをしてはしゃいでいるようにも見える。実はこれにはフランシスコ修道会の創始者サン・フ

聖痕を授かったサン・フランシスコの絵解きのレリーフ

タンコヨルの黄金の十字架

タンコヨルは隠れた美人の宝庫でもある

教会は広い耕作地のどこからでも仰ぎ見ることができる

ランシスコの聖痕の逸話が託されているのだ。従順、清貧、貞潔を信条としたサン・フランシスコが死ぬ前のこと、彼は天使に会ってキリストが礫で受けた傷、両手両足、そして胸の傷と同じ体の部位に聖痕を授かったとする伝説によるもので、キリストを模倣して生きようとしたサン・フランシスコを絵解きしたレリーフである。これは今まで何度も述べてきたフランシスコ修道会の「十字架にキリストとサン・フランシスコの交差する腕」の旗のデザインの原始となった伝説を語っているのだ。

タンコヨルの教会の正面装飾の中の両側、エスティピテの柱の外側のスペースにはキリストの受難に関係した六人の天使の像が見える。いわゆる、キリスト受難の道具の運び屋である。それらの天使は鞭を手にし、はしごや十字架を用意している。

最期に、四段目の真ん中にその正面装飾の中心的なシンボル、庇のある壁龕の中に金色の十字架のレリーフがある。その両脇には、カーテンを開いている一対の天使がいる。いっぽう、下方にはつり香炉を振っている二人の天使が雲の上にひざまずいている。香炉からはもうもうと香の煙が立ち上がっているのも見える。この彫像と合わせて、その頭頂に顔に泥絵の具で彩色したインディオらしき顔のあるサロモニコのらせん柱が、側面を固めているのも興味深い。また、その脇には左にドミニコ会のカラトラバの十字架、右にフランシスコ会のエルサレムの十字架があり、ドミニコ会に敬意を表している。

こうした色彩と物語に富んだタンコヨルの教会は、西の平坦な耕作地のどこからでも望むことができる。それが村人たちの慰めであり、また自慢の種であったに違いない。そして修道士たちにとってもまさにこの土地は、彼らが探し求めていた桃源郷であったのだ。

今日、タンコヨルは農業生産はもちろんのこと、民芸品、絨毯やテーブルクロス、イヤリングや首飾りなどの装飾品、帽子、ボンネット、陶器類の生産やその自然環境を生かした観光業も盛んだという。

その豊かな自然を求めてハイキングに訪れる者もいる。また、狩りのできるランチョ（牧場）があり、そこではシカやイノシシ、野生の七面鳥を狩ることができるという。でも、この村を立ち上げたフランシスコ会の修道士たちがそれを見たら、きっと目を丸くして驚くに違いない。

ゴルダ山脈との別れ

セッラ神父とその同僚の噂は、ゴルダ山脈に点在する近郊の集落まで届いていた。パメ族は真の信仰心からでないにしろパメ語を話すスペイン人に会うために、布教村に引き寄せられるように集まってきていた。そして、その後の数年間で彼らはヨーロッパ風の生活習慣を身に着けるまでになり、その布教村に移り住むようになっていた。

幸運なことにこれらの布教村には彼らの前任者たちがもたらした知識や教養、そしてわずかだが信仰心が残されていて、スペイン人に比べても信仰心の篤いカトリック教徒になる素地ができていた。また、それを確実に実行できたのはセッラ神父の強い意志と熱意によるものだとパロウ神父は言う。このお手本となるセッラ神父の日常の行動を目にして、彼の傘下にある四つの布教村の修道士たちは、お互い良い意味で競争し張り合い、あるいはお互いの長所をまねて、自分たちの布教村を実りあるものに仕立て上げていたのだ。

すべてがうまく行き、何事もなく流れるような日々だったある日、サン・フェルナンド神学校の校長からセッラ神父に、サン・サバ川（アメリカ合衆国、テキサス州）にあるアパッチ・インディアンの「魂の征服」に行く支度をするようにとの呼び戻しの手紙が届いていた。セッラ神父はその手紙を受け取ると早速、九年もの長期にわたる任務地ハルパンで培った多くの指導法を携えてパメ族の布教村を後にし、夢と希望を胸にして意気揚々と神学校のあるメキシコ市に向かったのだった。

ところが、このセッラ神父がメキシコ市に発ったハルパンでは、キリスト宣教で強い影響力のある指導者を失い、パメ族の間で宗教的な回帰が見られ、洗礼を受けた者たちの間でも偶像崇拝復活が見られることになった。

パロウ神父はパメ族の偶像について次のように書き記している。

「その不幸な者たちが神のように崇拝する主な偶像は、まるで地獄で戦い、勝利の栄冠として略奪した戦利品のような醜さを備えていた。それはテカレ（大理石）から作られた一人の女人の完璧な顔だった。その石の彫像は山脈の奥まった高い山の中から掘り出されたもののようだったが、ピラミッドの上の礼拝堂のような家の中に安置されていた。また、そのピラミッドのすぐ傍には、そこで生まれ死んでいったパメ族の墳墓があり、死者が埋蔵されていた。先ほどの偶像の名前は、先住民の言葉でカチュームと呼ばれていた。それは、『太陽の母』という意味で、先住民はそれを神として崇拝していた。一人のインディオの老人がそれを篤く信仰していて、彼が悪魔の司祭の仕事をしていた。そして、『太陽の母』に願をかけるのは、生活困窮からの脱出、雨乞い、あるいは、病気の回復、旅の安全、戦争の勝利祈願、結婚の成就など様々で、そんな時、思し召しを手に入れるために畳んだ白い紙を持ってその老人の前に現れていた。芝居じみたこの秘跡は話すことも書いていることもまったくでたらめで、その見せかけの神官がその紙を受け取るとすぐに、既婚の成人たちに手渡された。彼らが持っているチキウイテス（?）、あるいは、小さな口の籠の中にこうした紙の偶像をため込んでいた。それは火にくべるためだった。カチューム『太陽の母』に執心しているその注目の老人司祭は、その偶像を最大の敬意を持って磨き清め、そしてその周りを丁寧に掃除していた。その行為はかなり秘密めいて不気味で、ほんの少しだけカチュームをちらつかせるものの、はっきりと見せることはなかった。カチュームに供え物をしてから、はるばる遠くからやってきた信者のために、願掛けし、神の救済を求めていた」

修道士たちが「魂の征服」のためにこの地に分け入り、五つの布教村にパメ族が集まってきていたごく初期には、前述のような話が多く聞かれ、その後も偶像崇拝に熱心なパメ族が隠れ住んでいて、彼らの偶像を急峻なゴルダ山脈の岩陰の洞穴に隠していた。それを耳にしたこの地の軍隊長が、この山脈に散らばったそうしたパメ族の住処をすべて焼き尽くすようにと、軍曹と一個分隊を送り込んだ。ついに、ある小さな集落で、祠か礼拝堂のようなところに偶像を隠し持っている家を発見し、家に火を放った。ところが、その焼却を指示した軍隊長はまったくの無知であった。三、四軒ほどそれをやってみたが、軍曹が言うには、その偶像の素材がパロ（丸太）やサカテ（草）のようなもので、見た目にもかなり燃えやすいものであったのにもかかわらず、偶像は燃えていないようだと報告していた。それでも、軍曹は兵士たちに命令していた。

「神と名のつく物すべてに火をつけろ、『太陽の母』のそれに」

それに応えて兵士たちはその家を取り囲み、一瞬にして家を焼き落としてしまった。そして、そこに焼け残ったものが『太陽の母』とも知らないで、訳が分からないまま放置しておいた。ところがその偶像からは耐えがたい強烈な臭いの煙が立ち上がっていた。後にセッラ神父が彼らパメ族の言葉を理解するようになってから、改宗したパメ族にその一件の証言を求めると、パメ族はカチュームと呼ぶ偶像を信仰していたのだとわかった。その偶像はメキシコのサン・フェルナンド神学校に運ばれて校長に委ねられると、「魂の征服」の記録として残すために、布教村からの書面や手紙、古文書と一緒に箱の中に入れて保存しておくように命令したのだという。

ゴルダ山脈ではセッラ神父が不在であるにもかかわらず、布教村は残っていた修道士たちの以前と変わらぬ熱意と努力で続けられていた。その使徒たちは、より大きな成功を修めるために、布教村に残っている政府の役人たちと一緒に、新しく布教村に入って来るパメ族を受け入れていた。こうして「魂の征服」を続ける状態にあり、その後も信者の数が増えていた。

すでにこの五つの布教村は、彼らを派遣した神学校関係者はもちろんのこと、近隣に住む競争相手である聖職者や司祭たちからも大いなる賞讃を受けていた。こうした注目の中にあって、サン・フェルナンド神学校は、司祭になるために修業している修道士たちに従来通り「魂の征服」の仕事に従事するように委ねていた。というのも、一七七〇年、教皇イノセント一一世がフランシスコ会とメキシコの副王、そして大司教に対して書簡にてその判断を委ねたため、副王クロイックス侯爵と大司教フランシスコ・アントニオ・ロレンサナは、ゴルダ山脈の五つの布教村を、設置者であるサン・フェルナンド神学校の修道士二六人に正式に委任することを決定したからだった。副王はそれに伴って教会建設推進のために資金提供を認め、布教村を経済的に支援するために、国庫からの出費を決めていた。

サン・フェルナンド神学校に与えられた賞讃は、五つの布教村の修道士たちの献身的な労働の結果だった。特にフニペロ・セッラ神父が九年間をそこで働いたことはその賞讃に大いなる輝きを添えていたとパロウ神父は証言している。そしてまた、セッラ神父はハルパンで多くの貴重な言葉を後輩たちに残していったのだそうだ。

サン・アントニオ川の布教村

セッラ神父がゴルダ山脈でパメ族相手に布教活動をしていたその同じ時期に、今日のアメリカ合衆国テキサス州サンアントニオ（北緯二九度）では、サン・アントニオ川のほとりに一七一八年に設置されていた二つの布教村へ、いずれもスペイン本国から来たばかりのホセ・サンティ・エスティバン神父とフアン・アンドレ神父が着任することになっていた。実はこれらの布教村の一つはアメリカ映画でもお馴染みの「アラモの砦」として知られているところで、後の一八三六年にメキシコ共和国とテキサス独立分離派との戦争の舞台ともなるところだ。この二つの布教村は前述のケレタロ市のサンタ・クルス神学校が、長年抱えていたテキサス地方への布教活動の夢の舞台だった。一七五八年のこと、当時の副王からその許可が下り、経済的な援助を得ることになったが、それは、その当時ゴルダ山脈で実績を積んでいたメキシコ市のサン・フェルナンド神学校も抱き合わせでという条件で、その任務を任せられることになったのだった。

この地域はメキシコ市から北に約一二〇〇キロも離れた気の遠くなるような遠隔地で、しかも、好戦的なアパッチ族の住む辺りだった。サン・フェルナンド神学校の布教村はサン・アントニオ川の沃野に建設されていて、そこには犯罪者一〇〇人を収容できる監獄も併設されていた。先の二人の修道士はそこに着任することになっていた。ところが、その二人の修道士がこのサン・アントニオ川から南へ三三〇キロに位置する、ベハール川のほとりにあるケレタロ市サンタ・クルス神学校傘下の布教村に着くなり病気になってしまった。そのため、サン・アントニオ川の布教村に第二陣の修道士を送ることができなくなってしまったのだった。道らしき道などなく、交通手段は自分の足を頼りにするしかない時代に、一二〇〇キロを踏破するには少なく見積もっても三ヶ月はかかる旅程で、メシキコ中央高原北部地帯の植物もほとんど根を張ることを拒む過酷な荒野を旅することは、死をも覚悟しなければならない厳しい修練でもあった。

さて、先の二人の修道士の病気の知らせがケレタロ市のサンタ・クルス神学校に届くと、まもなくバレンシア出身のマヌエル・モリナ神父が指名され、今度は彼がサン・アントニオの布教村目指して厳しい行進をすることになった。モリナ神父がベハール川の布教村に着くと、病気から回復した二人の修道士は同じくサンタ・クルス神学校のアロンソ・テレロス神父と一緒にサン・アントニオ川に向かったと知って、休むいとまもなく彼はそのまま旅を続けたのだった。

サンタ・クルス神学校から来ていた先の二人の神父がサン・アントニオ川に着くと、川岸にある要塞から一七キロほど離れた草原に礼拝堂と小さな集落を発見した。そこにはわずかばかりの改宗原住民が住んではいたが、その周辺に改宗すべき原住民の集落があるようには見えず、布教の可能性があるように思えないところだった。

サンタ・クルス神学校（ケレタロ市）

後発のモリナ神父がサン・アントニオ川の布教村に着いてから一五日ほどたった日のことだった。泥絵の具で奇妙な模様を顔や体に描き、弓、槍、火器（銃）を手にした大勢の裸の男たちが四人の神父たちの前に姿を現した。その数は一〇〇〇をくだらなかった。後にわかったことだが、彼らはコマンチェ族で、ヌエボ・オルレアン

（ニューオルリンズ）のフランス人との毛皮の交易を通して、すでにヨーロッパ人の動向をよく知る者たちだった。

神父たちは友好の印としてコマンチェ族から鹿やバッファローの毛皮を受け取った。それに対して修道士たちはいつも通りガラス製ビーズのネックレスを手渡し、友好のために来たのだと笑顔を振りまき、身振り手振りで言ってみた。ところが、コマンチェ族はそれには関心を示さず、「自分たちに危害を加えないという約束の証として、ここにいる神父のうち一人を自分たちと一緒に生活するように」と求めてきた。神父たちは「そんな必要はない」と言ってから、彼らに紙に書いた誓約書を手渡し、それがなによりもよい証だと主張した。しかし、コマンチェ族はその証書にはまったく見向きもせず、ただただ、自分たちに一人の修道士を預けるように要求するばかりだった。スペイン語の文字など読んだことも聞いたこともない彼らの反応は当然と言えば当然だった。

その押し問答を側で見ていたテレロス神父は、意を決して自分が彼らと行くことを表明して、捕虜になることを申し出た。そうすることは、当然、死を覚悟しなければならないことを彼は知っていたのに、見送ることになる同僚に対して、「神にこの命を預けるのです。というのも、我々の強い意志は間もなくほかの命の中に再現されるのですから」と言った。それを聞いていたエスティバン神父は同僚のこの発言に動揺を隠しきれず、胸のキリスト像を強く握りしめると、蒼ざめた顔をして自分の小屋に戻っていってしまった。こうしてモリナ神父は捕虜を志願したテレロス神父と二人で外に残されることになった。まもなくテレロス神父はモリナ神父に見送られて頭に立派な羽根飾りを付けた頭領と思われる男に付いて行った。ところが家並みが途切れてから三〇歩ほど歩いたところでコマンチェ族の一団に取り囲まれたかとみるや、テレロス神父に向かって発射された銃弾が中り、テレロス神父はその場に倒れていた。それはあっという間の出来事だった。神父の着ていた僧服がすっかりはぎ取られ、裸にされたテレロス神父の白い肌が陽光に輝いて、神の最後の祝福を受けていた。

その出来事の一部始終をモリナ神父が近くで見ていたが、もはや彼は同僚を救うことができなかった。モリナ神父を見張るために残っていた長刀を持った男は、同僚が体を張って自分達の捕虜になろうとしているのに、何かを画策するために自分の部屋に逃げ隠れたという罰でエスティバン神父を探し出すと、裁判もせずに残酷にもその場で首をはねてしまった。それは誤解だった。その光景をモリナ神父は目の前にし、体をガタガタ震わせて脅えていた。その時だった、神父たちを警護していた兵士たちが突然、コマンチェ族に銃を発射した。そのためにモリナ神父は逃げることもできずにその場所に足止めを食らってしまった。それを発端にコマンチェ族の攻撃が始まり、神父たちの住んでいる家や改宗原住民の小屋を破壊し、略奪をして、そのうちに家や小屋に火をつけていた。モリナ神父は自分達の家が燃えさかるのを見て、首から下げていた蝋のメダルを取りはずすと、それを燃えさかる炎の中に投げ込んだ。炎が立ちあがり、火は一瞬激しく燃えた後、あたかも水をかけた後のように鎮まり消えていた。コマンチェ族はそれを見てびっくりし、その部屋の入口に足止めを食らっていた。

結局、コマンチェ族の多くはスペイン兵士の持つ銃で撃たれ、傷つけられ、殺され、武力によって鎮圧されていた。この戦いで多くの死者と負傷者を出したが、コマンチェ族が発射した一発の銃弾が不幸にしてファン・アンドレ神父に当たり、多くの年月を修練を通して徳を磨いてきた神父の心臓を射抜いていた。同僚の死を悼むモリナ神父は目に涙を浮かべながらコマンチェ族が退散する夜になるまで、死んだ神父の亡骸を守り通していた。

多くの負傷者を出していた布教村では、すでに抗戦する兵力も少なく、そこから退散する手段もなかった。そしてもっと多くの死者をだすのは時間の問題だと思われた。難を逃れた改宗原住民は負傷者を手当てし終えると、モリナ神父のところに来て、一か八か、一七キロほど離れた要塞に居るスペイン人兵士にこの惨状を知らせる方がいいと助言していた。また、この混乱で夫を亡くしたある未亡人には、自分の息子と一緒に要塞に逃れるように勧めていた。

「もし、あね様がここに居残ることになれば、間違いなく死ぬことになる。けんど、要塞にたどり着ければ息子とともにいつかは助かりあす」

夜になり無事に女が発つことができたか心配して、モリナ神父は遠方からその様子を見ていたが、松明をもったコマンチェ族二名が近づいてきているのに気が付いた。それを見て、モリナ神父はコマンチェ族を殺してしまおうという衝動にいったんは駆られたが、それでも神父はそうした邪念を振り払い、主キリストと聖母マリアの加護を信じることを心に決めてその様子をドアの側から隠れて見ていた。二つの松明が通り過ぎてゆくのが見えた。子連れの未亡人はコマンチェ族に見つからないように川岸に向かい、暗くなってから歩き始め、夜が明けるまで歩き通して、三日目の夜に瀕死の状態で要塞に着いていた。その未亡人が着いた要塞も、副王政府からの支援不足によって十分な戦力も食料もなく、原野の草より食べるものはなかった。そんな状態の中、要塞の司令官は守りを強化してから、すぐに礼拝堂のあるサン・アントニオ川沿いの土地に軍隊を送り込んでいた。しかし、軍隊が着いた時には、礼拝堂も小屋もみんな焼き払われ、コマンチェ族はすでに移動した後だった。そこにはモリナ神父と数人の改宗原住民の男が残されていた。

この事件の一部始終がメキシコ市のサン・フェルナンド神学校に知らされることになったのはそれか

らすぐ後のことだった。北方一二〇〇キロの遠隔地の惨劇は神学校の修道士たちに動揺を与えていた。学内では若い修道士たちが顔を見合わせるたびにその話をし、恐々としていた。そうした暗い雰囲気の校内だったが、校長はじめ神学校の指導者たちは、さっそくサン・アントニオ川の布教村建設担当をすることになる二人の修道士を指名していた。その一人がゴルダ山脈で実績を上げているセッラ神父だった。彼はその時、ゴルダ山脈のハルパンにいたことは先述の通りである。セッラ神父に関して言えば、サン・アントニオ川の悲劇に個人的に関心を示し、誰もがそう思うように、何とか布教村を再開しなければと思っていた。その布教村再開のために何の躊躇や迷いもなく彼を選び出し、手紙を送った校長に応えて、サン・フェルナンド神学校に戻る旅に着いたのだった。彼はそんな時でも神に対する感謝を忘れることはなかった。

この時、校長はサン・アントニオ川への修道士派遣を安易に考えていた。ところが彼が望んでいたようには事がうまく運ばなかった。というのも、新副王が、サン・アントニオ川に多くの軍隊派遣の命令を下したのは、好戦的なコマンチェ族、アパッチ族をスペイン国王の家臣にするためというより、彼らを奴隷として捕まえ、売りさばくのが目的だとわかったからだった。神学校としてはそれには与みしえなかったのだ。

このような政策転換の理由は、宣教活動に理解のあった先の副王の逝去、さらにはサン・アントニオ川の布教村を支援していた人たちの他界だった。こうして、メキシコ市のサン・フェルナンド神学校はサン・アントニオの布教村への修道士派遣を断念した。死の危険と隣り合わせの難儀な企てを、滅私的に申し出た熱血漢セッラ神父は、校長のその判断に大いに落胆して感傷的になっていた。それでも彼は神に賞讃を与えることを忘れることはなかった。

このサン・アントニオ川の布教村は副王政府から見放され、一七六五年ごろから衰退を見せはじめ、一七九三年には完全に放棄され、一八三六年二月のアラモの戦いの舞台として用意されることになる。

神学校での仕事と修練

先述のような経緯で、サン・アントニオの布教村の再開が難しくなったのを知って、校長はセッラ神父に対してゴルダ山脈に戻るようにと説得するしかなかった。神父の運命は神の手に委ねられてはいたが、それは前述のアパッチ族やコマンチェ族の急襲による布教村破壊と大いに関係があった。校長はセッラ神父にサン・アントニオの布教村の再開は不可能だと薄々感じてくれることを期待していた。しかし、神父は、副王の発令により、次の沙汰が必ずあると信じてやまなかった。彼は一七六七年までの七年間、原住民への宣教活動に関わることなしに、メキシコ大司教区で異端審問の罪を犯した者の改宗を担当し、メキシコ市の神学校に留まっていた。

真に迫るセッラ神父の説教法は、このサン・フェルナンド神学校にいたときから顕著になったようだ。彼はその神学校の始祖サン・フェルナンド・ソラノ神父の説教法に強く惹かれ、彼を模倣することに努めていた。例えば、改悛や苦行について説教した後で、鉄の鎖を手にし、悪い習慣を自分の身体から追い払うためだと言って、自分の背中が赤くはれあがるまで壮絶な鎖のむち打ちを続けたのだ。それを目にした聴衆全員が目のやり場に困り、ある者は天井を見つめ、ある者はうつむいてむせび泣いていた。ある時、参列者の一人の男がすっくと立ち上がると、足早に説教壇に向かい、苦行をしている神父の鎖を乱暴に奪い取ると、内陣の高いところからそれを持って降りてきていた。そして、上半身裸になると説教師を真似て、みんなの前で鎖の苦行を始めたのだ。その男は顔に苦渋の表情を見せると、すすり泣きながらこう叫んでいた。

「俺は神に対する恩知らずの犯罪者だぁ。これまで犯してきた多くの罪で苦行をしなければならねぇ。それは聖人である神父様でねぇ。俺だぁ」

セッラ神父の布教活動は、メキシコ市のサン・フェルナンド神学校にいた時も留まることを知らなかった。彼は首都を飛び出して各地に説教の旅に出ていた。メスキタル地方（イダルゴ州）、プエブラ司教区、オアハカ司教区、バジャドリド司教区（モレロス州）、グアダラハラ司教区、さらにはカンペチェ司教区境のタバスコの奥地、蚊の大群に悩まされながら、カイマン、トラ、ライオン、大蛇、毒蛇、毒クモの生息する密林地帯に分け入り、修道院・教会や布教村を尋ねては説教をしていた。そうしたところは四〇年もの間、修道士が立ち入ることのない辺鄙な所だった。その範囲はメキシコ全土と言って良いほどだった。神学校を出て村から村へと移動するときも徒歩で行き、ほとんど休むこともなくそこに戻っていた。このように、セッラ神父が終生歩いたその距離は十一万キロに達していた。

一六世紀末のメキシコには、フランシスコ修道会、アウグスティヌス修道会、ドミニコ修道会を合わせて八〇を越える修道院・教会（伝道活動の拠点）が設置されていた。古くはスペイン人エルナン・コルテスによるメキシコ征服直後に設立、建設されたものもあり、その後、スペイン人領主（エコメンデーロ）のメキシコ先住民酷使や、ヨーロッパから持ち込まれた天然痘、チフスなどの疫病による先住民の人口減少や修道士たちの人手不足、あるいは情熱の欠如で手当されない修道院・教会がたくさん放置状態にあった。セッラ神父はそうした修道院・教会を巡り歩き、改宗信者に手当を施していたのだ。

メキシコ奇跡譚

パロウ神父の綴ったセッラ神父の伝記の中には、今日的に見れば科学的に証明できる事象を宗教的な奇跡、イエス・キリストの特別な慈悲として過大評価し賞讃している部分がある。一八世紀後期のヨーロッパでは、すでに産業革命によって人間と物との関係が変化し、自然に対する挑戦が始まっていた時代だった。それでも神を深く信仰する者たちは、メキシコのこの奥地で原住民の社会化を理由にますます神に傾倒していた。

パロウ神父は次のようにセッラ神父の仕事を評価している。

「ウアステカ地方（ゴルダ山脈）に最初の布教村を造った時、その村の近郊では、様々な理由で、説教や神の言葉を聞くことのないままにいるインディオ（パメ族）が大勢いて、目配りが充分でない状態だった。説教しなければならない神父たちは遠くの集落に出かけて行ってしまって手薄だった。そんな時、布教村の近隣の集落では疫病が大流行し、約六〇名のインディオが命を落としていた。布教村のない近隣のインディオ集落ではその後、教会の住侍が治療に当たってはいたが、かわいそうにインディオたちは死を持っているだけだった。その布教村（ゴルダ山脈）の最高責任者だったセッラ神父が書いた手紙によれば、最初の布教村を早急に完成させようとしていた矢先に、疫病の噂が広がり、近隣の集落を震え上がらせていたようだ。パメ族は修道士たちが自分たちを受け入れていると感じながらも、こわごわ他の村の事情を聞きに出かけていた。彼らはそこで、説教に参加しないインディオが大勢死んでいるという噂を耳にして、そうした集落の者にとどまらず、後に、かなり遠く離れたアシェンダ（スペイン人の経営する大荘園）やランチョ（大牧場）で働くインディオまでも集まってくるようになっていた。一八年もの間、教会もなかったその場所に、セッラ神父は司祭を置きミサを聞くことのできる伝道所を造る必要を感じた。その土地は、あらゆる教団の修道士たちが入らぬまま、すでに四〇年が過ぎていた所で、未だ、疫病の経験のない所だった。こうした集落では、キリスト教徒獲得でより大きな成果を手に入れていた。それは、最初に手際よく始めた人物、救済者セッラ神父とその仲間の仕事によるものだった」

現代的な判断に従えば、パロウ神父の記述には大きな誤解が存在する。もし、旧大陸の疫病を持ったスペイン人が、ゴルダ山脈に分け入り、パメ族と接触することがなければ、疫病なる災いがこの地に入り込む余地などなかったはずだ。彼らはそのことを考慮することなく、自分達の信仰を肯定することに終始している。当時、学識を持ち知識を誰よりも身につけていたはずの修道士たちは、このメキシコの地で、先人たちの経済活動、社会活動、宗教活動を見聞きし、十分に学んでいたはずだ。先住民の性質、習慣、肉体的な特徴、病理に関する知識、とりわけヨーロッパから持ち込まれるペストや天然痘などの疫病に抵抗力がないことを経験上知っていたはずだった。というのも、クリストファー・コロンブスが西インド諸島に到達してから二世紀半がゆうに過ぎていた時代のことだからだ。

また、パロウ神父は次のような逸話も披露している。

「この使徒たちの仕事が一段落し、神学校に戻ることになった。そして、その旅の途中のこと、太陽が沈み、夕闇が辺りを包む時刻に歩いていたのだが、エル・カミノ・レアル（国王の道）から少し離れたところの野原の中に、人が作ったと思われる小屋のような物が確かに見えていた。それが一軒の家だとわかって、修道士たちは胸をなで下ろし、そこに宿を借りようと考えた。その家の扉を叩くと、赤ん坊を胸に抱いた若い奥さんが顔を出した。彼女は神父たちに対して大変よいもてなしをして、特別に清潔なベッドと愛情のこもった夕食を出してくれた。次の朝、その至れり尽くせりの待遇に感謝の言葉を述べて、その神父たちが別れを告げ、また旅を続けていた。その途中、街道を行く馬子たちに出会ったので、自分たちが昨晩いったいどこを歩いていたのかさっぱりわからなかったと彼らに言って、自分たちの今いる場所を尋ねてみた。そして、エル・カミノ・レアルの近くにある家の話を彼らにした。『どの家でさぁ？』と馬子たちがいぶかった。『昨日歩いてきたこの街道にはこの先、何里もの間に家もランチョ（牧場）もありませんぜ』と答えた。神父たちはお互いに顔を見合わせ、驚いていた。終には、馬子たちは、この道にはいかなる宿も家もないと断言までしていた。修道士たちは、先のようなもてなしと親切を神聖なる奇跡のせいにした。そして、疑いもなく、イエスとマリアとホセがそこに住んでいると彼らは心底信じたのだ。貧しくとも家は掃除がゆきとどき、清潔であるだけでなく、気遣いともてなしを修道士たちに与えてくれたのだ。彼らのつつしみ深い愛情、心の慰めを修道士たちは心から感じ、感謝の言葉を我々の主、神に述べていた。ウアステカから神学校（メキシコ市）までの旅程を、徒歩にて三二日間で達成したことを考えれば、神聖なる奇跡に満たされた神の特別な好意が、元気を彼らに与えたのだった」

この話はスペイン人修道士の前にマリアが出現した話になっているが、改宗したばかりの先住民の前に出現した話はグアダルーペの聖母出現を含めてメキシコにはいくつかある。

褐色のマリア、「グアダルーペの聖母」は、今日のメシキコ市北部テペヤックの丘で起きた奇跡で、トナンツィン（神々の母）の神殿のあるピラミッドの近くでのことだった。今日では近代的で巨大な聖堂が建てられていて、中南米はもちろん、世界各国から信者を集めている。そこでは大きな花飾りを手にした家族や聖堂前の広場を膝行で詣でる熱心な信者をたくさん見かける。周辺は門前町よろしく派手な色彩の「グアダルーペの聖母」グッツが並ぶ出店が賑やかで、そこに詰めかけるメキシコ人の数もすごい。今日あるその聖堂、そして、その東隣にあるかつてのグアダルーペの聖母教会は、かつてはテスココ湖の湖底だったところに建設されている。その聖母教会は現在は美術館になっているが、近代的な聖堂ができるまでは、そこが聖地だった。ところが、前述のようにそこは元々テスココ湖の湖底であったためか地盤が弱く、土台が傾いてしまったために、近代的な建物に移転することになったのだ。

さて、前述のグアダルーペの聖母が出現したのは、聖母教会北側の丘の上のことで、今日、小さな礼拝堂が建っている辺りである。前述したようにそこにはトナンツィンを祀る神殿ピラミッドがテスココ湖の湖面を広く望んで立っていた。

グアダルーペの聖母美術館（メキシコ市）

メキシコ征服後、一〇年ほど経った一五三一年十二月九日、その麓を通っていた働き者で信心深い先住民のフアン・ディエゴの前に光に包まれ、褐色の肌をした美しい顔立ちの女性が現れたのだ。その時フアンは、家族内に重い病気にかかった者がいて、そのために暗い気持ちでその丘の道を歩いていたのだが、その光景にすっかり心を奪われ、立ちすくんでしまった。

「私のためにこの地に教会を建ててくださるように、是非、司教にお願いして欲しい」

その女性はフアンにこのように言って、病気持ちの家族の事など知るよしもないのに、家族の病気をきっと直しますからと約束したという。それからすぐのこと、その女性が言ったとおり、叔父が病から解放されて元気を取り戻し、ファンは自分が遭遇したのは聖母だと確信するようになった。ファンはさっそく司教に面会を求め、その話をしてみた。しかし、司教は先住民の戯言だと一蹴した。もし、それが本当なら、何か証拠のような物があるかねと問いただした。ファンは、それに答えることができずに、仕方なくテペヤックに戻った。その数日後、仕事の帰りにトナンツィンのピラミッドの麓を歩いていると、ファンの前に再び先の美しい女性が現れた。彼女に司祭に会ったが、取り合ってもらえなかったと話すと、十二月には手に入れることができない赤いバラの花束を白い布で包んでファンに手渡し、司教に渡して欲しいといって、姿を消してしまった。ファンはさっそくその花束を持って再び司教に会いに行った。司教に女性との会話を説明し、バラを手渡そうとして白い布をほどくと、そこにはバラの花はなくファンが見た褐色の肌をした美しい女性の姿絵が出てきた。司教もそれには驚き、ファンが嘘を言っているのではないと理解し、その美しい女性の指示した場所に教会を造ることに同意したと言う話である。それが今日見ることができるグアダルーペの聖母教会である。

その奇跡譚はメキシコ先住民の間で大変な噂になり、病気を持った者はもちろん、その家族もその教会を訪れるようになり、あっという間に一大聖地になっていた。このメキシコのグアダルーペの聖母を奉った礼拝堂を、私はパリ、ノートルダム大聖堂の中に見つけて、世界中に信仰されていることを知り、驚きもし懐かしさを感じたことがあった。

もう一つ、コルテス軍と同盟を結んで、アステカ帝国征服に荷担したトラスカーラ族にも、聖母が出現している。このトラスカーラ族の住むトラスカーラ市は地方都市でありながら、メキシコの中世史や文化を語る時に欠かすことのできない重要な地域なのだが、残念ながら隣のメキシコ第三の都市プエブラ市に押されて、日本の観光案内にはなかなか取り上げられることのない街である。

そのトラスカーラ市は大きく窪んだ鍋底のような地形に形成されている。その鍋底を東の丘からのぞき込むように立っているのが一七九〇年に完成した華麗なバロックのオコトラン聖母教会である。この聖母の名前の発端になるのが松の木（オコテ）である。オコトランとはナワトル語で松の林という意味で、その松林で、一五四一年、先住民フアン・ディエゴ・ベルナルディーノが聖母に遭遇したことでその信仰が始まった。その松林にいつの間にか泉が湧き出し、その水が万病に効くとの噂がたち、町人たちはそれを求めて集まってきていた。その奇跡の話を耳にしたトラスカーラのフランシスコ修道院（メキシコに最初に建設された三つの修道院のうちのひとつ）の神父が、先住民たちの棄教を恐れて、真偽を確かめるためにそこを訪れてみた。危惧していたのとは裏腹に、神父は泉が湧き出す松の木の巨木の祠に、松の木で彫られた小さな聖母像を発見したのだ。神父は驚くと同時に、そこに聖母が現れたのだと確信して、その聖母像を大切に抱きかかえると、修道院に運び、礼拝堂に安置した。オコトラン聖母教会は一六〇〇年代に建造されているが、その後、今日我々が目にすることができるバロックの傑作に造り替えられた。こうした豪華な教会を造り上げる資金と労力を考えると、オコトランの聖母信仰が多くの信者によって支持され続けていることは疑いのないことだ。

オコトラン聖母教会・正面・全景（トラスカーラ市）

さて次に、セッラ神父が布教村で経験したサン・マルコに関するエピソードである。

「セッラ神父が造ったこうした布教村の中の一つで、イエス・キリストの使徒、福音記者、サン・マルコの日に経験したある事件がある。その日、サン・マルコのミサを行い、神の慈悲に感謝し、キリストの血の代わりにワインを飲んだ。その時、セッラ神父は、水銀を飲まされた時のような鈍痛とむかつきを胃袋の中に感じたという。終には顔色が悪くなり、それを見た周りの者は神父の容体を案じていた。そんな状態だったが、神父は神聖なワインを全部飲み干すと、何とかその聖器をテーブルに置いた。それでも、もしそのミサを補助する助祭が一人もいなかったら、セッラ神父はそこに倒れていたに違いなかった。すぐに神父を聖器室に連れて行き、誰かが彼の命をねらってミサ用のワインに毒を盛ったのではないかと疑い、部屋にあるすべての飾り物（銀器）を隠してしまった。その男は修道士たちに対していつも気取った態度を示す人物で、我々の尊敬する主任神父（セッラ神父）の許可を得て、布教村のなかでまるで修道士たちのエルマノ（兄弟）のように振る舞っていた。彼が毒に効く飲み物をもって教会に駆け付け、『これを飲みなさい』と言って薬瓶を手渡した。それは間違いなく毒を消すのに有効な解毒剤だった。セッラ神父はその騎士がグラスにその薬を注ぐのを見て、笑みを浮かべながら、『もう、それを飲む必要がないと思うよ』と言った。神父はその騎士を回廊に一人残し、『もし、腹の中を空っぽにするためにオリーブ油が有効だと知っていたならば、彼もそうしていたはずだがね』と修道士たちに耳打ちしていた。神父はすでにオリーブ油を飲んでいて、言葉をはっきりと発音できるまでに回復していた。最初に発した言葉はサン・マルコの引用だった。『オリーブ油はバスク人には何の症状をも引き起こさなかったし、吐き気ももよおさなかった』。もしその病気が治ったとしたら、オリーブ油が薬として有効であったということになるし、それが酸性毒のどろどろした液体を沈殿させて体内から追い出し、病気を防ぐ効果があることになる。結局、病人である神父の聖なる信仰によって効果が表れることになった。その次の朝、驚いたことに神父は何事もなかったように告白を聞くために教会に現れたというのは本当のことだった。その日は彼が一日、告白を聞かなければならない順番になっていたからだ」

パロウ神父の話はまだ続く。

「前述の騎士は、すでに元気を取り戻したセッラ神父のところを訪ねてきて、回復の祝辞を述べてから、不満顔で次のように言ったという。『パドレ（神父）、私の調合した薬を飲みたくないと言って私に恥をかかせてくれたのは本当のことかい？』それに応えて神父は『エルマノ（兄弟）よ、薬の効力を疑ったんじゃないよ。実はその液体を見たとき、なんだか吐き気がしたもんだからね。それは本当だよ。それもし、私が天使のパン（聖体パン）を口にしていなかったらその薬を飲んでいたかもしれないがね。それが献身によるパンだから私は災いから逃れることができたのだよ。つまりね、私の主イエス・キリストの身体の中にその毒が吸い取られてしまったわけさ。この神聖な一口で、毒が消えてしまったのを、エルマノにどのように説明すれば良いのかわからんがね。試しにこの毒の入った飲み物（ワイン）の中にその聖体パンを入れて浄化しておいたのだが、すぐに解毒されてきれいになったよ』セッラ神父のその信仰と宗教には、解毒に関する効用が隠されていたのだ」

オリーブ・オイルが古くからスペイン人の生活の中で重要な役割を果たしていた事は想像に難くない。興味深いのは毒の話はメキシコ大聖堂内の黒いキリストの礼拝堂にもある。

メキシコ大聖堂内の礼拝堂にある黒いキリスト像は、もともとは白いキリスト像だったという。一九八六年、そのキリスト像を最初に見たとき、私はメキシコ先住民を容易にキリスト教に取り込むために、

メキシコ大聖堂・黒いキリストのある礼拝堂

キリスト像の肌の色を先住民のそれに似せた習合のケースだとばかり思っていた。それは褐色のマリア、グアダルーペの聖母と同じ発想で、先住民をキリスト教に取り込むための宗教者の策略ではないかと疑っていたのだ。ところが、この黒いキリスト像には、前述のセッラ神父の毒事件に似た奇譚が隠されていた。

メキシコ市に住む信心深い男が、ある日、誤解が元で悪意を持った友人に毒を盛られて苦しんでいた。彼は自分の命がそれほど長くないと覚悟し、最後の秘蹟を受ける前に大聖堂の先の礼拝堂にお参りに行きたいと言い出した。とうてい歩ける状態ではなかったが、家族が介護して大聖堂のキリスト像のある礼拝堂にたどり着くと、その男はキリスト像の前にひざまずき、最後の力を振り絞って祈りを捧げていた。そして家族に支えられながら立ち上がり、お別れをしようと思ってキリスト像の足の甲に接吻をした。その時だった。白いキリスト像が次第に黒ずんで行くのに家族が気がついた。と同時に、男の顔色が次第に良くなってきて、元気を取り戻したのだ。その男と付き添いの家族は、キリスト像が自らを犠牲にして毒を吸い取ってくれたのだと信じ、そのキリスト像に感謝をこめて一層熱心に信仰することになったという。この話は多くのメキシコ人の耳に入り、それ以降、黒いキリスト像は病気を持った多くの信者を引きつけているのだそうだ。

パロウ神父はまた、自然の偶発的な災害をセッラ神父の信仰と絡めて、神父の布教活動を讃美することも忘れていない。

「セッラ神父が他の五人の仲間と一緒にオアハカ司教区（メキシコ南部）内の大きな布教村で説教をし、成し遂げた多くの成果の中で、この司教区の首都アンテケラ市（今日のグアテマラ、アンティグア市？）で一人の男を改宗した話は大変興味深い。その男は十四歳の時から、金持ちで権力のあるマフィアのもとで不健全ででたらめな生活をし、問題を起こしてはみんなに迷惑をかけていた。そんな調子だから妻を娶ることもかなわなかったので、若い女をむりやり妾にして、かれこれ十四年間もその不幸な状態のまま暮らしていた。そんなある日、その地域の者たちに説教していた布教村の神父とキリスト教に改宗した者たちの噂話が、先の不幸な女の耳に届いていた。その噂話は、女の心を捕え、強い衝撃を与えていた。女は長い間一緒だった先の男と別れる決意をし、家を飛び出してやっと盲目状態から解放されることになった。そしてその女は、心から神の僕になっていた。ところが、女を囲っていた先の男は、女をなんとか思いとどまらせ、自分の女にしておこうと画策し、それまでに思いも考えもしなかったことを女に口走って、脅かしていた。『もし戻ってこなければ、顔をメチャクチャにして、殺してやる』そんなことがあったために、彼女の近所に住む者たちが皆で彼女をしっかりとかくまっていた」

「ある日のこと、アンテケラ市の司教は、著名なセッラ神父たちが五〇番目のサント・ドミンゴの日の夜に、この町に入る予定だとみんなにふれ回っていた。そして、セッラ神父と五人の修道士がその町に着くと、その任務を依頼した司教が大変喜び、『謝肉祭の日に日頃の神に対する罪から逃れ得ることは、大変よいことです。神父たちを抜かりなく迎えて、よく支援するように』と、お触れを出していた。セッラ神父と先の五人の修道士たちは注意を払いつつ厳かにその市に入場し、キリスト像が描かれた旗を掲げてその市の道に沿って二手に分かれ、会話形式で注釈を付けつつ聖像への捧げ歌を熱心に歌っていた。人々はそれを聞いて大変感動し、家から飛び出して来て、大聖堂まで修道士たちの後を付いてきていた。修道士たちはそうした民衆を前にして、『明日、皆さんを教会で行う講話に招待します。是非どうぞ』と宣伝して、その日は皆を家に帰していた」

「修道士たちの中の一人が唄ったキリスト像への捧げ歌は、こうした罪深い者たちの心を強く打ち、捕らえていた。修道士たちは、彼らが大変嘆いている姿を見て、神への真の帰依の望みを彼らがすでに失ってしまっているのに気がつき、すぐに告白を聞く準備をしていた。先の不幸な男の話を耳にしていたセッラ神父は自ら彼に会い、目的をもって生きる重要性をとくとくと説き、彼を元気づけ、勇気づけた。そして、彼の告白を聞いた後、まじめな生活をするためにまずは金持ちの男から離れて自分の家を探すように提案した。こうして、ついにこの男の心の盲目が解かれた。男は先の女とよりを戻すために、何度も何度も機会を見ては試みていた。その女を彼は忘れることができなかったのだ。その後も彼は教会をたびたび訪れていた。ところが、今まで自分がしてきたこびへつらう生き方を軽蔑する心があるかと思えば、マフィアから殺されるかもしれないという脅迫観念を持ったり、あるいは、先の女に対する並外れた執着心を持っていて、精神的に不安定な状態にあった。そのために聴聞司祭と修道士たちは連絡を取りあい、女が今住んでいる家では安全ではないと話し合っていた。修道士たちが女の危険を察知し、ある敬虔な貴夫人の家に住まいを紹介してあげていた。女はそれをとりわけ喜んで受け入れていた」

「男は依然として女の居所を探し出そうと躍起になっていた。ついにその夫人の家を探し当てたが、堅く門扉が閉ざされていて女に会うことはかなわなかった。男にとって絶望的な夜だった。その夜、彼は縄をもって再び夫人の家に行くと、窓の鉄格子に縄をかけて首つり自殺をはかっていた」

「その日の真夜中、市民をびっくり仰天させる大きな地震があった。その地震のあった翌朝、修道士たちは惨めな首つり男が先の男かどうかを確認するために出かけたが、そこには悪魔に手玉にされた男が発見されていた。そして、その男がセッラ神父の説教した男だと知って、みんなは言い知れぬ無念と悔しさとを感じて突っ立っていた。その時だった。改宗したばかりの先住民の男が、その自殺現場を見に来ていた婦人方に声をかけてそこから立ち去るように告げると、自らチュニック服のような形の袋状の粗末な悔悟服をまとい、まるでその死んだ男の亡霊のように、彼のスキャンダラスな生き方と罪の数々を大声で叫んで謝罪を求め、アンテケラ市の道を練り歩き始めたのだ。その光景に修道士たちは驚いた。彼らは、これほどまでにキリストの教えを身につけ、堅信を受け入れた先住民、改宗し改悛した先住民を見たことがなかったのだ。セッラ神父と五人の修道士たちはこのように罪を犯した不幸な人たちを懲らしめ諭すと同時に、数えきれないほどの信心深い改宗者を得て、その布教村で大きな成果を達成していた。他の事案に比べても、セッラ神父の生涯で最大の仕事としてよく知られた話で、それはすぐに私の脳裏によみがえる事例である」

この話は、醜聞に生きた男と信心深い男との対比から、セッラ神父の功績を披露しようとしたもののようだが、結局のところ、セッラ神父は前者を立ち直らせることができずに自殺を許すことになった。キリスト教にとって自殺は大罪なのだが、セッラ神父はそれを阻止することができなかった。それなのに、チュニック服を着て醜聞まじりの生き方をした男の罪の数々を大声で叫んで謝罪を求めた男のような、信心深い人間を数多く導きだしたとしてパロウ神父はセッラ神父を賞讃している。神の道で生きようとしたパロウ神父は、もしかしたら、そうした矛盾に目をふさごうとしたのではないかと思えてくる。

第二部

北へ

一七六七年六月二十五日、イエズス修道会がヌエバ・エスパーニャから追放されるという事件は、宗教界に大波紋を投げかけた。副王クロイックス侯爵の権限により、カリフォルニア半島のイエズス修道会によって管理されていた布教村が、メキシコ市のサン・フェルナンド神学校に委託されることになったのは時代の大きな流れのひとつだった。

このイエズス会追放事件は、植民地内の経済界と宗教界の、それも特にイエズス会との摩擦によって起きたことだった。当時、スペイン帝国は、長いことカリブや中南米の植民地経営で本国の経済を支えてきていたが、二世紀にわたるその植民地経済は、スペインを除くヨーロッパ諸国が産業革命で大きな変革の波に乗っている時代にさしかかっても、旧態依然として、国庫の後ろ盾のある修道会主導の経済活動が幅をきかせていた。入植者個人が経営していた大荘園、大牧場も、その持ち主の臨終を契機に、永代ミサのお布施や免罪符として修道会へ譲渡されたり、あるいは修道会の金融業による抵当等で修道会へ集約されたりしていた。一八世紀中葉のメキシコでは、大荘園、大牧場の多くをフランシスコ会、アウグスティヌス会、ドミニコ会、そして、イエズス会の修道会が所有していて、莫大な富を築き、メキシコの教会美術にウルトラ・バロックの花を咲かせるまでになっていた。(『「銀街道」紀行』(未知谷)参照)

その中でも後発のイエズス会は、経済活動ではその手腕を存分に発揮し、特に学校経営に力を入れていて、一七六五年、アメリカ大陸からのイエズス会追放が決まった時点で、その総資産は他に追随を許さない莫大なものになっていた。そうした修道会の経営実態を眺めれば、布教村に先住民を抱え込み、村内の安い労働力で農産物や酪農製品、皮革製品、あるいは手工芸品、時には派遣業よろしく、近隣の鉱山に村民を派遣してその手数料を手にしていた。村民は布教村以外の労働者に比べても賃金が低く抑えられていて、中にはその安い賃金に不満を抱く村民もいたが、布教村を管理する修道士たちは村民に相互協力の理念を押しつけていた。その布教村では先住民の労働で得た収穫物で、業績の上がらない他の布教村を支援したり、あるいは新しく立ち上げる布教村の資金の積み立てに回したりして、組織化された大きな社会を形成していた。

前述のように修道会の中でもイエズス会は、その規模が大きく、世俗の企業体との競争でも追随を許す事はなかった。世俗の企業は、当時、労働者不足が深刻で、布教村に住まう労働者を雇用したいと願っていた。それには布教村の管理者である修道士たちの許可が必要だったのだが、修道士たちは、布教村の者たちが村を離れることで、世俗の悪い環境に汚されてキリスト教の教えを忘れてしまうからといって、それを拒否していた。それは新大陸に進出したスペインの宗主国としての使命の遂行、新大陸でのキリスト教徒獲得という大義を修道士たちが堅持する必要があったからだった。それでも、当時のスペイン帝国は国内の経済に陰りが見え始めたことに危惧し、経済界の強い圧力に屈して、ついにはイエズス修道会追放の令を出さざるを得なくなったのだった。

この時、セッラ神父はメヒコから一六〇キロの距離にあるメスキタル地方（イダルゴ州）に滞在し、布教村を造っていたが、神父に相談することなく校長はカリフォルニアの布教村の最高責任者に彼を選んでいたのだ。セッラ神父の崇高な精神と几帳面、そして従順は皆のよく知るところだったが、後に神父は、「何もわからないうちに正式に決められていた」と神学校に戻された経緯を手紙に書いている。

召喚状が一七六七年七月十二日に彼の元に届き、慌ただしくセッラ神父はメキシコ市に戻った。この時すでに、副王はサン・ブラス港（ナヤリット州）までの八〇〇キロの陸路での旅のために、必要な物資、衣類や野営具、薬、食糧を神父たちが長旅で不便を感じることのないように用意してくれていた。というのも、出発の日、一七六七年七月十四日までまったく時間がなかったからだ。

神学校での壮行会の様子を、同行したパロウ神父は次のように書き記している。

「『さあ、行きなさい、神父たち、いとしい兄弟たち。神と我々の聖人サン・フランシスコの祝福を得て行きなさい。我々カトリックの修道士を信用しているこの未開のカリフォルニアで仕事をするために行きなさい。君たちの尊敬と全布教村の尊敬を集めた高僧セッラ説教師と一緒に行くことを慰めにして。主任神父に指名された彼に従って行きなさい。そして、私と同じく神に我が身を委ね、彼に従うように。それ以外に話す言葉はもう……』そこまで話すと校長は、目から激しく流れ落ちる涙で言葉を詰まらせていた。校長はセッラ神父に委任状を手渡し、神父はそれを恭しく受け取ったが、彼もまた、あふれる涙でそれに答えることができなかった。ついにはそこに居る全員が落涙していた。

我々全員は学校長の手に接吻し、見送りの者たちを門のところまで引き連れて神学校を出た。外では多くの市民が我々を見送るために待っていた」

テピック村（ナヤリット州）まで歩いて三九日間の旅程で、途中、ケレタロ市とグアダラハラ市で少しの間休憩した。セッラ神父はグアダラハラの司教からカリフォルニア半島には司教がいないことや、修道士から見放され管理されていない布教村がたくさんあることを聞き知った。そのために、セッラ神父は副王に対して、カリフォルニア半島に元気を注入するためにもっと多くの修道士を送り込んでくれるように、繰り返し手紙を書き送っていた。

セッラ神父がテピック村に着いたのは一七六七年八月二十一日で、そこを出発したのは半年も先の一七六八年三月初旬のことだった。サン・ブラス港からカリフォルニア半島に渡る定期船を待っていたためだ。

多くの修道士が足止めをくらっている間も、セッラ神父の宣教に対する情熱は、何もしないでのんびりとしていることを許さず、修道士たちに「魂の征服」に多くの時間を使うように求めていた。そして、徒歩での長旅の疲れを癒すとすぐに、彼はみんなにサン・ブラス港近郊に一つの布教村を造るように指示して、その建設に着手していた。以前からあった布教村には修道士を手分けして行かせ、テピック村の住民の信仰心が、いまだに残されているのを確認していた。セッラ神父とその一行はこのような活動で一七六八年三月初旬まで忙しくしていた。

カリフォルニア半島

一七六八年二月、サン・ブラスの港に投錨していたコンセプシオン号に乗る日が近づいていた。一六人のイエズス会士がカリフォルニア半島の任務地から連れ戻され、その同じ年の三月十二日にセッラ神父とその一行は、その同じ船でサン・ブラス港を発つことになった。サン・フェルナンド神学校の一六名の修道士を乗せたコンセプシオン号は、四月一日の夜、ロレト（カリフォルニア湾内、カリフォルニア半島北緯二六度）の入り江に投錨し、翌日土曜日に全員が下船している。修道士たちがこのカリフォルニア半島の任務地、イエズス会の布教村に向かう前に、主任神父フニペロ・セッラは、みんなを集めてその半島の守護聖人であるロレトの聖母に尊敬を込めて最初の式典を催すように指示を出した。四月六日、先ずは守護聖人にこれまでの航海の無事に感謝を表し、これから先、五〇〇キロをはるかに超える遠隔地への旅の安全を嘆願するために祈りを捧げ、それぞれの布教村に向かわせた。当時、次期監察長官ホセ・デ・ガルベスがまだ着任しておらず、以前からの制度が何も変わっていなかったために、これまでカリフォルニア半島で行われていた制度下で勤めを全うすることが、副王から与えられた神父たちの仕事だった。

サン・ブラス港を丘の上から監視する要塞

カリフォルニアへの物資の輸送基地だった
サン・ブラス港

一七六八年五月二十四日にサン・ブラスの港からカリフォルニア半島のイエズス会士追放の任務を授かっていた監察長官ホセ・デ・ガルベスが乗船し、困難な船旅の末、七月六日にようやくカリフォルニア半島南端に着いていた。このホセ・デ・ガルベスの派遣目的は単にカリフォルニア半島からイエズス会士を追放したり、そこを視察したりするだけでなく、一世紀半ほど前にセバスティアン・ビスカイーノ（一六一一年、江戸で徳川家康に接見したことのある探検家）によってすでに登記されていた北緯三六度三六分にあるモントレイ港を海上から確認し、そこに入植するか、少なくともその手前のサン・ディエゴ港に入植しようとするものだった。

監察長官ガルベスは、サンタ・アナ鉱山（カリフォルニア半島南部）からセッラ神父宛てに手紙を書いていた。それによればガルベスと同様にマルケス・デ・クロアという人物も個人的に探検の企を持っていて、そのために必要な数人の兵士を募り、修道士を伴って探検に向かわせたいと打診していた。そして、聴聞長官ガスパール・デ・ポルトラ（北緯二六度のロレトにいた政府の役人）はその要求を受け入れていた。その時セッラ神父はカリフォルニア半島の南端（北緯二三度五〇分）からロレトまでの間にある布教村の実情を調査するために五〇〇キロを超える遠路を歩いていた。

セッラ神父はこの旅から戻り、監察長官ホセ・デ・ガルベスの先の手紙を読むことになるが、その時、セッラ神父は彼の企てを嬉々として受け入れたとい

イエズス会が建造したロレト聖母教会

カリフォルニア半島の重要な中継地ロレト港

う。と言うのも彼自身、性格的にすでにイエズス会が設置し終えた布教村の管理に埋没することで満足するような性格ではなかったからだ。セッラ神父と五人の修道士は探検の準備を整えると、早速、ホセ・デ・ガルベスと一緒に行動するために、探検隊が逗留しているサン・カルロス港（北緯二五度、カリフォルニア半島の太平洋岸の港）に集合することになった。それでも、セッラ神父自身は船には乗らず、二艘の帆船と並行して海岸線に沿って自分の足で歩いて行こうと決めていた。

この探検に先立って行われた打ち合わせで、監察長官ガルベスとセッラ神父はまだ見ぬカリフォルニアの地に三つの布教村の設立場所を決定した。一つはサン・ディエゴ港（北緯三二度四三分）に、もう一つはサン・カルロスの名前を持つモントレイ港（北緯三六度三六分）に、そして、残りがその二つの港の中間にあるサンタ・バーバラ海峡のサン・ブエナベントゥーラ（北緯三四度一六分、現ベンチューラ市）に決められた。この三つは、かねてからスペイン人によく知られていた場所だった。

ゴルダ山脈で実績を積んできたフランシスコ修道会が探検と新布教村の設置計画に参加し、しかも副王政府の援助が得られることを知って、聴聞長官ポルトラは歓喜し、布教村を設置するために必要品調達に熱心に取り組んでいた。彼はヌエバ・エスパーニャ（メキシコ）とカリフォルニア半島から新布教村で使う日用品を買い集め、畑で必要となる道具を船積みするように部下に命令していた。また、彼の提案で布教村の土地に見合った野菜、花、亜麻のようなもの、（スペインと似て土地が豊沃であることを期待してのことだが、後に彼の考えが間違いではなかったことが証明された）を用意していた。そして、二〇〇頭の牝牛、牡牛、去勢牛など、牧畜にふさわしい土地を見つけて牧場を造るために、家畜を連れて行くことにした。当時、カリフォルニア半島ではイエズス会士の指導の下、土地を耕して多くの収穫を得て、布教村の村人は食べる物が不足することがないばかりか、余剰分を生産するまでになっていて、すべてが順調に回転していた。このカリフォルニア半島の聴聞長官ポルトラは「そろそろその役目から降りなければならない日が来た。キリストの受難を思い起こしてさらに邁進しよう」と布教村の住民に訴えていた。

こうした意気込みを主任神父セッラも見習い、船とこの探検の守護聖人サン・ホセに対する祈念のミサを捧げていた。この守護聖人の名前は今回の探検に資金を提供した監察長官ホセ・デ・ガルベスからのものだったが、セッラ神父は彼に敬意を表して、守護聖人サン・ホセの日、毎月十九日に、すべての布教村でサン・ホセに捧げるミサ、探検での幸運と成功を祈念するミサを執り行うようにと、各布教村の修道士に通達していた。

一七六九年一月九日、海上からの第一隊がカリフォルニア半島の首都サン・カルロス（北緯二五度）から出港した。この時のメンバーは、隊長ビセンテ・ビラとスペイン兵二五名、ペドロ・ファヘス中尉、技師ミゲル・コスタンソ、ペドロ・プラット、そして、外科医、船上の事務責任者、そしてフェルナンド・パロン神父だった。

そして、一七六九年二月十五日、海上からの第二隊がサン・ディエゴに向かって直行するように命令を受けて出発した。この船には、サン・ディエゴに滞在することになる兵士や乗組員たちの食糧、穀物、肉、魚、その他の保存食が積み込まれていた。こうした物資はホセ・デ・ガルベスが買い占め、持っていた物だった。この船にはフアン・ビスカイーノ神父とフランシスコ・ゴメス神父の二人の修道士が乗船していた。

セッラ神父、最前線への道行き

先の聴聞長官ポルトラは、副王がスペイン国王の命令に忠誠を捧げようとしてかなり高い目標を設定し、モントレイ港に布教村を作るために多くの資金を提供しているのを知っていたばかりか、副王が海岸線の観察だけでなく、内陸まで分け入って探検することを期待していることも知っていた。

このように副王がアメリカ西海岸の探検に積極的だったのは、ロシアによる北アメリカへの進出とイギリス、フランスの東海岸での植民地拡大を危惧してのことだった。当時、ロシアの帆船はアメリカ西海岸に生息するラッコやアザラシの毛皮を入手するために頻繁に姿を見せていて、また、イギリスとフランスは耕作地や牧場を求めて西部に足跡をつけ、その活動範囲を徐々に西に広めようとしていた。これに対してスペインは、一六〇二年のスペイン人セバスチャン・ビスカイーノによるカリフォルニア海岸線の探検後、アジアとの交易に視座を移していて、定期航路の目と鼻の先にあるアメリカ西海岸に関心を向けることがなかったのだが、先のような他国の動きを牽制するためにも早急に西海岸を探検し、植民地を造る必要が出てきたのだった。

ビスカイーノの残した一世紀半前の記録によれば、発見されていたカリフォルニアの最前線モントレイはサン・ディエゴ港からあまり遠くなく、海からも、半島からもその場所が確認でき、上陸できるところだという。そこで、聴聞長官ポルトラたちは先のサン・ディエゴ港に海と陸の探検隊を集結させ、まずはそこに周辺の原住民が集まれるように布教村を造り、それからモントレイに向かい、同じように布教村を造ろうと話し合っていた。

この探検には恐ろしい海の脅威と陸路における自然の困難や危険、さらには原住民や蛮族の威嚇が行く手を阻むことが大いに危惧されていた。それでも、領土拡大に情熱を燃やす副王は、西海岸の探検決行を指示していた。この時、副王は前述のようにその探検隊を二つに分け、もし一つが芳しくない場合でも、もう一方が救済されればいいと、慎重とも強気ともとれる命令を出していた。

この探検の最高司令官に副王は聴聞長官ガスパール・デ・ポルトラ、隊長にフェルナンド・リベラ・イ・モンカダという男を指名していた。後者はロレト要塞にある毛皮貿易会社クエラ社の社長で、副王はそのモンカダに、当時、スペイン人には未知の土地の探検に行くように、そしてポルトラにはその探検の第二隊として行くように命令していた。

モンカダ隊長はクエラ社の社員の中から有能な人物を兵隊に選抜し、また探検に必要な荷物を運ぶために荷夫を集めていた。そうして集められた荷夫たちは探検先で不足することになる衣服とロバや馬などの家畜、ほかに食糧として干し肉、魚の干物、穀粒、粉、乾燥パイナップルなどを運ぶのだが、最終的には新しい布教村に入植し、土地の原住民にヨーロッパ風の生活の手本を示す役目を言い渡されていた。


一七六九年三月二十三日、第一隊目のモンカダ隊長は、簡素な皮鎧をまとったメキシコ先住民兵士二五名と三人の馬子とその助手、カリフォルニア半島の改宗先住民の工兵一隊を引き連れ、弓や矢などの武器を持って北に向かった。隊長は同行したクレスピ神父に記録係を頼んでいたのだが、何事もなくこの第一隊は五二日をかけて五月十四日にサン・ディエゴ港に到着した。その港にはすでに、先に出航していた二艘の帆船が停泊していた。

いっぽう、第二隊の聴聞長官ポルトラとセッラ神父は一七六九年五月九日に兵隊を伴ってロレトを離れ、パロウ神父の居るサン・フェルナンド・ハビエール（ロレトの近郊と思われる）に到着した。聴聞長官がパロウ神父に告げたところによれば、後から来るセッラ神父の足の状態を心配しているとのことだった。後続の、二人の兵士と一人の下男を伴ったセッラ神父の姿を見たパロウ神父は、大きく腫れたその足では長い陸路の旅ができる状態ではないと憂慮した。それでもパロウ神父はじめセッラ神父の様子を見ていた者たちは皆、ここに留まるようにと彼を説得することができなかった。と言うのも、その話を切り出すと彼の答えはいつも決まってこうだったからだ。

「サン・ディエゴとモントレイに無事に着くために自分に力を与えてくださるよう、私はいつも神に祈っているのです。もし私がここにとどまることになれば、永遠に異教徒（原住民）たちのいる前線に到達するのが不可能に思えてきます」

セッラ神父はヌエバ・エスパーニャで治療可能な最もよい外科医も薬も受け付けないばかりか、長い道のりを歩くときも決して靴やサンダル、靴下を履くことはなく、痛みに悩む自分の足を守ろうとしなかった。

「裸足で歩くのが一番歩きやすい」

そういつもうそぶき、言い訳をしていた。

一七四〇年代からパロウ神父たちを指導してきたセッラ神父は三日間、パロウ神父のいる布教村に逗留し、同僚の修道士から大歓迎を受けていた。そのパロウ神父は、哲学の学徒の一人としてセッラ神父を大いに尊敬していたし、副王政府の役職においても、サン・フェルナンド神学校の命令証書には、セッラ神父の死、あるいは不在の場合は、パロウ神父が主任神父職を引き継ぐことになっていて、セッラ神父の篤い信頼を得ていた修道士だった。もし、そのような事態が生じるとしたら、それはセッラ神父の足の問題の可能性が大いにあった。彼の今の足の状態では遠路の旅は不可能で、「魂の征服」に行きたいという彼の強い望みをパロウ神父が代行することを提案し、自身の健康に注意を払い、大事を取って居残るように勧めていた。

パロウ神父はその時のことを次のように書いている。

「しかし、私の提案を聞き終わるやいなや彼は私に強く反論した。『そんなことを我々は話しているんじゃない。私は神の名において心から信念を持っているんだ。神は私に行くことを許可し、そこに着くことを神は期待しておられる。サン・ディエゴやサンタ・クルス、それだけでなく、モントレイから遠く離れた村に定着を果たし、そこにくさびを打つためにです』神に対する篤い信仰と信頼から私の尊敬する高僧が大いに私を叱り、このような深い愛によって使徒団（フランシスコ修道会）のためにその命を捧げていることがひしひしと私に伝わった。こうして私はその件を収めることになったのだが、旅を続けるためにセッラ神父が我々の布教村を発つことになった時、神父を椅子席に着かせるのにも二人の人間が必要なのに、神父は同行する者たちと一緒にロバに背負わせる重い荷をもってよろけながら立ち上がっていた。それを見て私は、見送りの悲しみがいっそう増して、目頭が熱くなるのを覚えた。別れ際に神父は私にこう言った『さようなら、モントレイまでお先に。そこでまた会いましょう。主のブドウ畑で働くために』その言葉は私の胸を打った。しかし、その見送りは『永遠』のものとなるかもしれないと憂慮していた。私は私の信仰の足りなさを咎め、彼の魂が私自身の心に入り、諭し導いているのだと思った」

セッラ神父は北に向かって布教村を順番に訪ねて行き、そこに常駐する神父たちを表敬し、皆を慰め、原住民を神に委ねるように頼んでいた。長旅での疲れは極限に達していたはずだが、セッラ神父は辛い痛みに遭うこともなく先のサンタ・マリア・デ・ロス・アンヘルス（北緯二九度）にたどり着くことができた。そこでは聴聞長官ポルトラと説教師ミゲル・デ・ラ・カンパ神父が待っていた。そこで三日間休養し、引き続き兵士二人と下男をともなって、異端者ベジカテ族の住む領域（北緯三〇度）に五月十三日に入った。そこにはセッラ神父の荷が留め置かれていた。

半島、最初の布教村サン・フェルナンド

蛮族ベジカテの地と呼ばれていた地域で原住民を発見したことで、兵士たちはその土地とその周辺一帯を偵察し、定住に都合の良い場所を見つけ、布教村間の街道を防衛するための要塞用地を見つけていた。前述のようにその地に聴聞長官ポルトラと主任神父セッラ、そしてミゲル・デ・ラ・カンパ神父が着いたのだが、セッラ神父は着いてすぐに、そこが布教村を設置するのにふさわしいところだと直感した。そこに牧場主や馬飼いと一緒に何ケ月か生活していた兵士たちは、その周辺の土地の探検に出かけ、すでに土地を登記し終えていた。こうした状況とサン・ディエゴ（北緯三二度四三分）とロレト（北緯二六度）の中間地点であることから、その土地に布教村を設置することにしたのだ。当時、ベジカテに一番近い布教村はサン・フランシスコ・デ・ボルハ（北緯二八度五〇分、サンタ・マリア・デ・ロス・アンヘルス近郊）のそれで、そこは原住民の集落のある土地から四〇〇キロも距離があり、地味が痩せていて水

利の悪い土地だった。

集合場所になっていたサン・ディエゴに遅れて着くわけにはいかなかったセッラ神父には、十分な時間がなかった。翌日の五月十四日、カトリック教皇の名前をその土地に冠して、布教村設置の一鍬が振り下ろされ、要石が設置された。兵士、下男、馬子たちは祝祭を上げなければならない仮の礼拝堂に、ありあわせのもので可能な限り飾り立てをした。そして梵鐘を吊るし、大きな十字架を一つ建てた。

この時、セッラ神父は雨天用の帽子付僧衣を着けて再び訪れ、雨の恵みを天に祈り、それに加えてその土地と礼拝堂、そして十字架、彫像や絵画などの装飾品を祝福した。そして布教村の守護聖人を、彼らの神学校やカスティージャとレオン国王の聖人であるサン・フェルナンドに指定して、最初のミサが奉納された。オルガンなどの楽器は何もなかったが、軍隊による祝砲が空に向けて放たれた。

アドベの壁だけが残るサン・フェルデナンド伝道所

このサン・フェルナンドの布教村は後にドミニコ会の修道士によって管理されることになるが、四年後には二九六名の信者を抱えていたという。その数をみれば、そこに元々住んでいた原住民が少なかったと想像できるが、この布教村が後にメキシコ市とカリフォルニアを繋ぐ、エル・カミノ・レアル（国王の道）にとって重要な中継地だったことには変わりない。

セッラ神父は自身の日記の中に次のように書いている。

「五月十五日、布教村設置二日目、カンパ神父と私が指揮した二つのミサの後、大きな満足を感じた。と言うのも二つのミサが終わった後、私の住まいになっている小屋の中に引き籠っていた時のことだ。原住民がすでに、私の近くまで来るのが感じられたので、私は注意を払っていた。地面に伏せて、主を称え、主に感謝し、長い間それを望んでいた時がついに来たと思った。この地の原住民が私に姿を見せるのを許したのだ。私はすぐに出て行って彼らに会った。そこには一二人もの原住民がいた。二人の子供を除いてみんな逞しく大きかった。そのうちの一人は十歳でもう一人が十六歳だった。彼らに会った瞬間、私には彼らがほとんど読むことも数えることもできないと感じた。罪を知る前の天国の中のアダムのように、彼らは裸で、裸足で歩いていた。我々は彼らと長いこと対面していた（接触しあうことになった）。皆、着る物といえば我々に見えるものは何もなく、このように裸の状態にあることが恥ずかしいことだと知らないようだった。少し経ってから、彼らは友好の印として両手を頭上に置くのだということを知った。その両手には、すぐに食べられる熟れた無花果の実が満たされていたり、メスカル（サボテンの繊維）製のザルに乗った、四匹の新鮮な大ぶりの魚が入っていたりした。そして、それらを塩づけにするのでなく、生のまま魚を料理するように手振りで言っていた。我々は、プレゼントされたその贈り物に感謝の意を示し、それを受け取った。彼らはそうした物を贈与する余裕などないような貧乏人だった。カンパ神父はお返しに、彼らに干しブドウを贈った。行政官閣下（ポルトラ）は彼らに葉巻煙草を与え、兵士たちは食べ物を与えて彼らを歓待した。私は通訳を通して、すでにこの土地に、ある神父の足跡が残されているのを知った。その神父はこの土地でよく知られていて、名前はミゲル神父と呼ばれていたという。彼と同じスペイン人が訪ねてきたことで、彼らは恐れや気おくれなどを持つことがなかった。自分たちに危害や損害を与えることなく、ミゲル神父は皆に多くの善行を施していたようだった。原住民は野原に生息する四足動物を狩りするだけでなく、必要に応じて神父に食糧を無心しに来ていたので、彼はいつも原住民にできる限りのことをしてあげていたのだという。キリストの信仰を勧めるために外に出かけるのでなく、よく面倒を見たり原住民に定住の見本を示すことが、彼らが神父の下に自然に集まってくるのだと気がついたことは幸運なことだった」

セッラ神父がカリフォルニア半島に設置した最初の布教村に、原住民たちがやおら訪れたことを聴聞長官ポルトラが見て気をよくし、すぐに彼の持っている牝牛五〇頭や物資をこの布教村の責任者となる神父に分け与える命令を出した。カンパ神父は未来の息子たちの名でそれを受け取り、さっそく焼き印を押した。さらに、カンパ神父に「胃袋作戦」で原住民を引き付けるためにトウモロコシ四〇袋、三分の一の小麦粉、他にビスケット、チョコレート、干し無花果、干しブドウを与えた。そして、隊長と警護隊として数名の兵をそこに配備することにした。こうして、五月十五日午後、セッラ神父と探検隊は北に向かって行った。

ベジカテに到達してからの三日間、セッラ神父は足に異常を感じることはなく、そのことが彼を喜ばせていたが、実際には布教村設置で慌ただしく働いていたために、苦痛を忘れていただけだった。その後の一五キロ程の旅で、セッラ神父は足の疲れからくる病気になっていた。高熱に不眠。それでも、そのことを公言しなかった。すでにかなり症状が悪化していて、足で支えることも坐ることもできない状態で、部屋の中でよく臥せっていた。

聴聞長官ポルトラがこうした状況を目にし、彼に次のように言っていた。

「主任神父、我々の敬愛する神父が、最早、この探検隊と一緒に行動するのに限界が見えたように思います。今、我々はサン・フェルナンドの布教村から北に三〇キロほどの場所に居ります。もし神父が望むのであれば、サン・フェルナンドの布教村までお送りすることができます」

それでも、セッラ神父は決して希望を捨てず、気力を失うことはなかった。

「そのようなことをおっしゃらないでください閣下。私は深く神を信じる者です。神は私に、ここに着くまでの力を与えてくださったように、サン・ディエゴに着くまでの力をお与えくださった。もし私がそれにふさわしくないのであれば、私は主の神聖なるご意志に従います。後戻りをするくらいならその道中で私を死なせてください。また、もしそれが主のご意志であるのなら、私は原住民たちの中に入り込み、そこに留まることを選びましょう」

聴聞長官ポルトラはセッラ神父の決心が不動なものだと知りつつも、徒歩ではもちろん馬でも旅を続けることが不可能だと判断し、神父を横臥状態で運ぶために、タペストリーを使った担架か、お棺のような寝台を作るように部下に命令していた。聴聞長官はそれを新信者たちに担がせ、工兵と役人を連れてくる後続の探検隊と一緒にお連れするように言いつけていた。

その話を耳にしたセッラ神父は驚き、それを担ぐことになる貧しき者たちに苦痛を与える仕事だと言って嘆き悲しんだ。罪の意識が彼の心の中に猛然と沸き立ち、何とかそれを回避する他に最良の方法がないかと神に乞うていた。そしてその日の午後のこと、セッラ神父は馬子フアン・アントニオ・コロネルを呼んで、彼に次のように尋ねていた。

「なあイホ（息子）、私の足の腫れを抑える方法を知らないかね」

彼はそれに応えて、

「神父様、私がどんな慰め方を知っているとおっしゃるんですか」

「……」

「私が外科医でもあるとおっしゃるんですか。神父様、ご存知のようにあっしはただの馬子でさぁ、……獣の病気やケガを治すことはできますがねぇ」

「それじゃイホ、私を四足動物だと思えばいい。この腫物を鞍ずれだと考えてみてくれないかね。私は脚の腫れとその痛みに悩まされ、夜もおちおち眠ることができないんだよ。四足に効く薬のような物を何か持ってないかねぇ」

馬子とそれを傍で聞いていた彼の仲間は笑って、彼に答えた。

「そうでしたら神父様、良い考えがありますだぁ」

そう言うと、動物の脂身を少し持ってきて、それを二片の石の間に挟んでたたいて平らにし、原野に手短にある草と張り合わせて足と脚に張り付けて冷やした。その二つの物質の膏薬は、驚いたことに足の腫れにすぐに効果を表した。その晩、セッラ神父は夜明けまでぐっすり眠ることができ、痛みや腫れから解放されて目をさました。

その探検は続けられた。それは、三年前、ウエンセスラオ・リンク神父（イエズス会）が歩いた道と同じだった。コロラド川までの探検をこの神父と同道したことのある兵士たちによれば、ベジカテのサン・フェルナンドの新しい布教村から一三〇キロも離れた北の果ての、先の神父がシエネギジャと名付けた場所までの旅だった。この場所には先の探検隊の痕跡が残されていたが、何も特別なことはなかった。その先をカリフォルニア湾に注ぐ大河コロラド川の流れが遮っていて、それ以上、東に進むことができなかった。というのも、副王に書き送ったリンク神父の手紙によれば、シエネギジャ地点から発って数日後に、岩だらけの大きな山脈（コロラド渓谷）につきあたってしまったと書かれていた。馬やロバも登るのが不可能な場所で、それ以上前進することができず、その探検隊が出発したサン・ボルハ（北緯二八度五〇分）の布教村まで退却せざるをえなかったのだと書かれていた。

こうして、そこに以前、行ったことのある探検隊の仲間がその事情をよく知っていたことと、かつてイエズス会の神父と行動を共にしたことのある兵士たちの情報を統合して、探検隊はコロラド川を渡らずにまっすぐ北のはずれまで進み、そこから北西に進路を取って太平洋の海岸線に沿って進んだ。こうして、やっとサン・ディエゴの港を発見した。そこに着いたのは七月一日で、サン・フェルナンドの布教村から四六日間の長い旅だった。

サン・ディエゴ港を遠くに望んだ時には兵士たちは喜びのあまり、空に向かって空砲を撃っていた。それに応えて、すでに港に停泊していた二隻の帆船が歓迎の祝砲を放ち、港は歓喜の声であふれていた。

プレシディオ（要塞）公園からサン・ディエゴ港を見下ろす

新天地サン・ディエゴ

そうした喜びのサン・ディエゴ港到着ではあったが、セッラ神父を待っていたのは厳しい現実だった。そこに停泊していたのは、プリンシペ号と艦隊を組んだサン・アントニオ号とサン・カルロス号だった。しかし、後者の船には船員が誰も乗っていなかった。というのも、全員が食糧不足で死に追いやられてしまったからだった。皮肉なことに、その船の料理人だけが生き残ったというから、その料理人は役得でどこかに自分のための食糧を隠し持っていたのかもしれない。

いっぽう、サン・アントニオ号でも船内で病気が蔓延し、船員八名が死んでいた。この船は一ヶ月半程前に出航し、すでに、目指していたモントレイ湾辺りに到達していたが、船員不足を補うためにいったんナヤリット州のサン・ブラス港まで戻ることになってしまった。

船員の死の原因は水不足で、陸地に川か沼地を見つけ、そこで大樽四つに水を汲むことができたのは幸いだったのだが、その水が原因で病気が広がることになったのだ。そして、追い打ちをかけるようにモントレイ港の情報を持っていた船員が病に伏し、的確な判断や指示がされなかったために海上で進路を誤り、ついにはモントレイを見つけることができずに、サン・ディエゴに戻って来ていた。

サン・アントニオ号が一七六九年四月十一日、サン・カルロス号が四月三十日にサン・ディエゴ港に着いて、陸地からは第一隊が五月四日に、そして、第二隊が七月一日に着いた。前述のようにサン・アントニオ号とサン・カルロス号では船員たちが飢餓やはり病にかかっていて、多くの死者を出していたし、サン・アントニオ号ではなお病に犯されている者が船員の中にいた。いっぽう、陸上からサン・ディエゴに達した部隊は、きわめて元気で、両船が運んできた荷物を陸揚げするのを手伝っていたほどだった。

さて、このサン・ディエゴ周辺に住む原住民たちがどんな人たちだったかセッラ神父が同僚パロウ神父に宛てた書簡から、うかがい知ることができる。

「インディオたちは広大な土地に住んでいました。そのほとんどは我々が到着した海岸線（太平洋岸）に住んでいました。地図や航路が示すようにエンセナダ・デ・トドス・サントス（北緯三二度、バハカリフォルニア・ノルテ州）辺りから、陸では幾種かの植物の栽培を手がけ、海ではカヌーの形をした筏に網を仕掛ける漁法で、かなり遠くまで出かけて漁をしていて、ともに裕福な暮らしをしていました。男と女、そして大人も子供もみんな、衣服をまとっています。皆、気立てがよく、女と子供が我々の所に会いに来て、その集落と言わずその道においても、かなり我々を信頼し、温情をもって扱ってくれました。彼らの生活様式はまるで我々のもののようでした。彼らがいつも口にするのは、食べ物が欲しいけれど、本当に欲しいのは衣服だと。だから兵士や馬子たちはそうした品物を、海から水揚げされた新鮮な魚類やウサギ、シカやイノシシのような動物と物々交換していました」

むろん、初めて接触するこうした原住民に対する防疫対策が、副王から指示されていた。各部隊の隊長会議で話し合われ、病人をたくさん出しているサン・アントニオ号の船乗りばかりでなく、探検隊全員に対して原住民との接触を禁じた。それはスペイン人がメキシコ征服以来してきた苦い経験を回避するためだった。しかし、そうした配慮も物々交換という兵士や馬子たちと原住民たちとの接触で破られ、後々、原住民の間で伝染病が流行りだし、彼らを死に追いやることになるのだ。

さて、モントレイ発見のために陸上から六六名による探検隊が出発することになった。その人員は司令官として聴聞長官ガスパール・デ・ポルトラ、それからフアン・クレスピ神父とフランシスコ・ゴメス神父、それを援助するカリフォルニア半島の改宗先住民二人、隊長で副司令官のフェルナンド・リベラ・イ・モンカダ、軍曹ペドロ・ファヘスとその二六兵、そのフランス人同僚と七兵、技術者ミゲル・コンスタンソ、七人の御者、工兵や御者助手として一五人のカリフォルニア半島からの改宗原住民たちで構成された。

いっぽう、サン・ディエゴには、セッラ神父、フアン・ビスカイーノ神父、フェルナンド・パロン神父、そして、これまでの探検隊が導いてきた家畜の警護のために、鎧を着けた八人の兵士が残った。

失意の帰還

その探検隊が一七七〇年一月二十四日、飢餓状態でサン・ディエゴに戻り着いていた。彼らはあれから七ヶ月と一〇日を費やしていたが、病人を多数抱え、食糧不足によって探検隊の荷を背負っていたロバさえも屠られていた。しかも彼らは目的地モントレイ港（三六度三六分）を発見できずに帰ってきていた。そのモントレイ港は、一六〇二年にすでに海軍司令官セバスチャン・ビスカイーノ（スペイン人探検家でモントレイの伯爵、江戸時代初期に徳川家康と秀忠に接見している）の船による探検隊が停泊し、一本の十字架を立て、登記した場所だった。

探検隊に参加したファン・クリスピ神父は、モントレイを示した古地図の港を発見することができなかったのは、砂丘が一七〇年もの年月の末、港を封鎖してしまったのではないかと報告していた。その探検隊はモントレイ港を発見できなかったのだが、代わりに一八〇キロ程北に、いくつもの港の建設が可能な大きな湾を発見していた。今日、それはサン・フランシスコ湾と呼ばれるようになったが、その名称はセッラ神父が探検隊長である聴聞長官ガスパール・デ・ポルトラに対して、「このカリフォルニアの地でフランシスコ修道会が宣教に貢献しているのに、自分たちの始祖サン・フランシスコの冠を持つ布教村がないのはおかしい」と疑問を呈したことによるものだった。聴聞長官は修道士たちの主張に同意し、彼がメキシコ市に戻ると、発見された港に新しい布教村を造るように副王に働きかけ、その名をサン・フランシスコ・デ・アシスと名付けるように進言して、了承されることになったのだった。その後、二人の修道士を優秀な兵士一人を付けてサン・フランシスコの布教村設置準備のために送り込んだが、どうしたわけかその布教村設置は遅れに遅れて六年の歳月を費やすことになる。

モントレイ港がまだ発見されていないそんな折も折、メキシコ市からの帰路にあった聴聞長官ガスパール・デ・ポルトラはカリフォルニア半島のロレトで、後にセッラ神父の伝記を著すことになるパロウ神父に対して、今ある食料の在庫を調べ、さらに今年植え付けた小麦やトウモロコシの量を加算して全体の収量を計算し、三月の半ばまでにその結果を届けるように命令していた。パロウ神父はサン・フェルナンド（半島中部、北緯三〇度）以北の新しい布教村の設置場所の探索を取りやめると、カリフォルニア半島に見捨てられたように点在する布教村の修道士から記録を取り寄せることに時間を費し、それを正確に記録にとどめていた。しかし、修道士たちからの報告はポルトラを失望させるものばかりだった。いっぽう、自分達の布教村の経済状況を報告した修道士たちは、実績の上がらない布教村が閉鎖に追い込まれまいかと憂慮し暗い顔をしていた。

修道士たちの憂慮はそればかりではなかった。何の成果も得られずに失敗に終わった探検のせいで食糧庫が底をつき、もし守護聖人サン・ホセの日（三月十九日）までに、サン・ディエゴにサン・ブラス港から食料を積んだ船が着かなければ、モントレイの探検を諦めて全面的にサン・ディエゴ港から撤退するという聴聞長官ポルトラの「決断」を受け入れなければならなかったからだ。

このポルトラの「決断」はすぐに公のものとなり、セッラ神父の宣教に対する情熱に冷水を浴びせかけることになった。彼には信仰以外に良き解決法など考えられず、すでに友好関係を結んでいる多くの原住民から信頼される信仰を目指していた。かなり遠方だという理由で初期に設立した布教村が見捨てられそうな状況下にあっても、「魂の征服」の成し遂げられた者たちがそこに留まり、修道士が来るのを熱望していると堅く信じていたのだ。

だが、副王政府の立場からすれば、宗教的な情熱より多くの小麦の穂を見るために種籾を与え続けているのに、ある程度の収穫が得られなければ、切り捨てるのが常識的な「決断」だった。ところがこの主任神父は彼の同僚とともに、神のみを信頼して、愛によって献身的に宣教に身を委ねていたのだ。

そんな時だった。ロレトから連れてきた改宗先住民ホセ・マリアがセッラ神父の命を狙うという事件を起こした。神父はその顚末について詳しく語ることがなかったために、その原因を知ることはできなかったのだが、宣教の理想に燃えるセッラ神父に対する反発、つまり食糧不足を堪え忍ぶことを強要されたホセ・マリアが、それに反発して実行に及んだのではないだろうかと推測する。

見捨てられたサン・ディエゴ

聴聞長官ポルトラがサン・ディエゴからの探検隊撤退の可能性を示唆して間もなくの一七七〇年三月十九日近くになっても、物資を積んだ帆船は到着せず、サン・ディエゴではその帰路の旅支度以外に話題になるものは何もなかった。

先の方向転換に関する噂話は、布教にいつも熱心に取り組んできたセッラ神父の熱い魂に突き刺さるトゲとなっていた。彼は多くの原住民が示していた魂の帰依の機会を無駄にせぬようにと、礼拝堂設置のために示された期限までに船が到来することをひたすら神に祈っていた。サン・ディエゴでは、港や布教村がすっかり縮小されてしまっていたが、撤退することになるのか、あるいは長い年月をかけても堅持できるのか、港の近くに暮らすスペイン人一六六名が、顔を見合わせるたびにその話題で持ちきりだった。もし今、副王がサン・ディエゴ放棄を決断したら、彼らは見捨てられ、貧困に陥り、外部から物資を手に入れることなく、何世紀もそこで過ごすことになるのは明白だった。

いっぽう、セッラ神父は、もし、探検隊が撤退してサン・ディエゴ港が閉鎖されるようなことになっても、神に誓った以上は是非とも、モントレイ港発見のための探検に参加したいと願っていた。

助け船を待つサン・ディエゴで、セッラ神父と四人の修道士の指導の下、守護聖人サン・ホセの日（三月十九日）に、その聖人のために盛大に祝祭を催した。そのことにサン・ホセが満足したのか、驚いたことに翌日の午後のこと、ついに待望の帆船サン・アントニオ号がサン・ディエゴ港に姿を現したのだ。これでサン・ディエゴが存続できると確信した多くのキリスト教徒たちは、守護聖人サン・ホセに大いに感謝し、涙していた。とりわけセッラ神父は、この奇跡に歌によるミサで感謝を表すために、これまでにも毎月一九日のその守護聖人の日に荘厳なミサを奉納し祝福していたのだが、それを彼はその臨終まで続けることになったのだった。

さて、このサン・アントニオ号だが、水夫と食糧の補充のために、一七六九年七月一日にサン・ディエゴ港からサン・ブラス港（ナヤリット州）に向けて出航したことは前述の通りである。それから八ヶ月以上も音信がなく、サン・ディエゴに戻ってきたのは一七七〇年三月二十日のことだった。

この帆船はサン・ブラス港を出ると、サン・ディエゴには寄らずに直接、陸路からの探検隊が待っているはずのモントレイを目指して北上し、サンタ・バーバラ（北緯三四度三〇分）の海峡に到達していた。しかし、そこでサン・アントニオ号のフアン・ペレス隊長は飲料水不足に気がつき、サンタ・バーバラに接岸することにした。陸地に近づくとすぐに幾艘ものカヌーに乗った原住民が、笑顔を見せながら近づいてきていた。彼らは飲料水の在り処を乗組員に教えたばかりでなく、樽を水で満たすのも手伝った。彼らはスペイン人の言葉を理解してはいなかったが、手真似で陸路の探検隊が南に後退していったことを、フアン・ペレス隊長に教えていた。探検隊はその原住民の〓のような小屋に二度ほど滞在し、彼らと交流をもったことと、彼らがその探検隊の兵士たちと同じ名前をつけたという話を聞いて、ペレス隊長は進むべきか戻るべきかの判断に困ってしまった。結局、原住民の言動、水不足、そして、碇の紛失がペレス隊長にサン・ディエゴへの後退を決断をさせたのだった。

サン・アントニオ号のサン・ディエゴ寄港は、皆を大いに元気づけた。再びモントレイ発見の機運が高まり、陸と海からの再探検が計画されることになった。こうしてサン・アントニオ号がモントレイを目指してサン・ディエゴを出発したのは一七七〇年四月十六日のことだった。サン・ディエゴの布教村にパロン神父とゴメス神父を残し、セッラ神父は船で、クレスピ神父は陸路からモントレイに向かうことになった。

モントレイ発見

一七七〇年五月三十一日、フアン・ペレス隊長のサン・アントニオ号が一ヶ月半の航海の末に、目的の地モントレイに着いていた。前回の困難な探検が嘘のように思えるほど順調な探検だった。そこは一六〇二年、セバスチャン・ビスカイーノ探検隊が記録に残した美しい景観を未だに残していた。こうして、探検隊はモントレイ港に礎石を置くことになった。

いっぽう、海上からの探検に先んずること五月二十三日に陸路の探検隊はそこに到着していた。お互

モントレイは長い砂浜の西に突き出た岬だった

いの無事を喜び合った後、六月三日、一同が会してそこにあった樫の木を祝福し、その高みに鐘をつるして連打し、皆で讃美歌を唱和した。そこに大きな十字架とスペイン王家の旗を立てた。そこが確かにモントレイであることを地図で確認して、セッラ神父の指導の下に最初のミサを捧げた。

宗教界ではカリフォルニア地域でのカトリック信仰の拡大は、神の栄光のために重要であったし、カトリック修道士たちの誉れであった。もちろん、副王クロイックス侯爵と監察長官ホセ・デ・ガルベスが、一七七〇年八月十日にモントレイ港に要塞とサン・カルロスの布教村を設置したという知らせに接することは、彼らの大きな喜びであると宗教界は信じて疑わなかった。

ところが、この二人は自身の心に探検隊快挙の報を刻むことも、メキシコ市民に広めるように命令もしなかったばかりか、メキシコ大聖堂から祝福の鐘を連打するよう大司教に依頼することもなかった。もしそうしていれば、他の修道会や世俗の教会も同調して祝いの鐘を打ち鳴らし、すべての市民に大いなる歓喜を呼び起こしたはずだった。そして、その宣伝はとりわけモントレイ発見の報告をした前線にいる者たちにとって、教会や要塞の建設、船の修理に必要十分な工兵の確保、畑の開拓に必要な用具の調達、そして食糧の確保で、布教村支援を副王や市民に訴える良い機会だったのだ。

ところがそうした手紙による報告は、現場に立ち会った確かな人物やそのために働いた人物が誰もいなかったために、副王と監察長官を本気にさせることができなかった。

広さにして一五〇〇平方キロの肥沃で広大な土地に分散する素朴で穏やかな原住民が、キリスト教に改宗されることが期待され、布教村に集まることが大いに期待されていたのはもちろんのこと、太平洋岸に集住していてスペイン国王の良き臣下となることも期待されていたのにだ。

後に首都メキシコに聞こえてきた様々な情報を総合し、広大な土地が不意に転げ込んできた、まさに棚からぼた餅の幸運に気がついた副王は、このよき結末に感謝すべきだと言って急に態度を変え、市民に対して「告知」を出す決定をしていた。

この「告知」にはこれまでに述べてきたことが細かく書かれているのでここでは割愛するが、文末に書かれている一節は、この時代のスペイン国王とキリスト教との関係をはっきりと表していて興味深い。

「この探検隊の成果は神の愛情によって導かれたものだということ、そして、疑もなく我々の厳かなる君主が深く神意を信用し、その君主の熱い信仰心への褒美として、このような広大な占領地を賜ったことだ」

モントレイ旋風

副王による「告知」は、スペイン本国はもちろんメキシコの各界に大きな影響をもたらした。

「神がフェルナンド神学校の圃場に撒いた小麦の種」によって、セッラ神父が到着してからすでに一〇〇人もの学徒が本国からメキシコに渡ってきていたが、セッラ神父がモントレイ発見を報告したまさにその特別な時期に、スペインから四九人の若い修道士がメキシコに上陸し、神学校にたどり着いていた。一七七〇年五月二十九日のことである。

それは、副王と監察長官ホセ・デ・ガルベスがモントレイ発見の「告知」を発布してすぐのことだった。その二人は同時に動き、サン・フェルナンド神学校の校長に資金を送り、三〇人の修道士に次のように要請した。先ず、一〇人にサン・ディエゴ、サン・カルロス（モントレイ）、サン・ブエナベントゥーラの名称の布教村建設を、さらにフランシスコ会の始祖サン・フランシスコ、そして、サンタ・クララ、サン・ガブリエル・アルカンヘル、サン・アントニオ・デ・パドゥア、そして、サン・ルイス・オピスポ・デ・トロサの五つの礼拝堂を、このカリフォルニアに建設するように要請していた。

他の一〇人には、これらの布教村を繋ぐ道の整備補強のためにサン・フェルナンド・ベジカテ（北緯二九度四五分）とサン・ディエゴ（北緯三二度四三分）間に新設されることになるカリフォルニア半島の五つの布教村、サン・ホアキン、サンタ・アナ、サン・フアン・カピストラノ、サン・パスクアル・バイロン、そして、サン・フェリックス・デ・カンタリシオの任務に就くように要請し、残りの一〇人は修道士が一人しかいないカリフォルニア半島の古い布教村の助っ人として働くように要請した。副王のフランシスコ修道会への要請に沿って、校長と理事が求められた人数の修道士を指名し、副王に返答していた。

副王がその返答を手にするとすぐに、修道士たちに引き渡される物資、一〇の布教村の教会や礼拝堂の装飾品、聖器類、鐘、その他、聖器室で必要となる物、そして辞令の手紙を与えた。同じくサン・フェルナンド神学校に対して一万ペソの資金を提供し、一〇〇〇ペソをそれぞれの布教村に、教会や畑や家で必要となる物品を買いそろえるようにと与えた。さらに旅行費用として、修道士一人頭、四〇〇ペソを支給するように命令していた。

修道士移送に関しても、サン・カルロス号を副王は手際よく手配し、まずは二〇名の修道士をカリフォルニア半島のロレト（北緯二六度）に送るように、残りの一〇人をサン・アントニオ号で直接モントレイに向かわせるように命令していた。

この副王のフランシスコ修道会への資金提供と命令は、実質的にメキシコ市からカリフォルニア半島経由でカリフォルニアに続く「エル・カミノ・レアル（国王の道）」の建設を促進することになった。等間隔に布教村を設置して、メキシコ市の副王政府との連絡網を確立しようとしたのだ。カリフォルニアを支配するために、修道会を利用することになったのだが、いっぽうフランシスコ会は副王の支援を受けることで、「魂の征服」の夢の実現に突き進むことができたのだった。

ところが、これに対して異議を申し立てたのは、やはりメキシコで宣教活動をしているドミニコ会で、フランシスコ会だけがカリフォルニアで布教活動を許されるのは不公平だと言って、新設するいくつかの布教村をドミニコ会に担当させてほしいと申請があった。これに対してフランシスコ会はカリフォルニアに二つの教団が混在するのは責任分担が曖昧になると異議を唱え、カリフォルニア半島の五つの新しい布教村をドミニコ会に管理してもらうように主張して、理解を得ている。そのために、フランシスコ会がカリフォルニア半島に設置するはずだった先の五つ新布教村は、建設中止となり、前述のような名称の布教村は残されることはなかった。

エル・カミノ・レアル（国王の道）

一七七一年五月二十一日、副王の要請で送り出された一〇人の修道士が三八日間の航海の末にモントレイに着いた。

この時、セッラ神父は副王の命令に従って、カリフォルニアの地に五つの布教村建設に取りかかっていた。最初の三つ、サン・ディエゴ、モントレイ（サン・カルロス）、サン・フランシスコに加え、サン・ブエナベントゥーラ（北緯三四度一六分）、そして、サン・ガブリエル（北緯三四度三分、ロサンゼルス）を建設することになった。ゆくゆくは、サン・ルイス・オビスポ（北緯三五度一六分）、サン・アントニオ・パドゥア（北緯三六度五分）、サンタ・クララ（北緯三七度二一分）にも布教村の建設を計画していた。

サン・ディエゴにはフランシスコ・トゥメッツ神父とルイス・ハイメ神父、サン・ブエナベントゥーラにはアントニオ・パテルナ神父、アントニオ・クルサド神父、サン・ガブルエルにはアンヘル・ソメラ神父、ペドロ・ベニート・カンボン神父を指名した。モントレイ近郊のサン・アントニオ・パドゥアにはミゲル・ピエラス神父とブエナベントゥーラ・シティハール神父、サン・ルイス・オビスポにはホセ・カバジェール神父とドミンゴ・ジュンコサ神父を配属し、そして、モントレイにフニペロ・セッラ神父とフアン・クレスピ神父が着いた。しかし、計画していた北の二つの布教村、サン・フランシスコとサンタ・クララには修道士を宛てることができなかった。と言うのも、修道士が決まらないのと合わせて、随行する兵士がまだモントレイに到着していなかったためだった。

カリフォルニア半島の「エル・カミノ・レアル」は想像を絶する風景に満ちている

「エル・カミノ・レアル」はカリフォルニア湾を帆船で渡らなければならなかった

要塞のある海辺から移転してきたサン・ディエゴの伝導所（再建）

毎年、イワツバメが飛来するサン・フアン・カピストラノの伝導所遺跡

周辺にほぼ平らな耕作地を有していたサン・ガブリエル（ロサンゼルス）の伝導所（再建）

灌漑設備が充実していたサン・ブエナベントゥーラの伝導所（再建）

近代建築のような正面を持つサン・ルイス・オビスポの伝導所（再建）

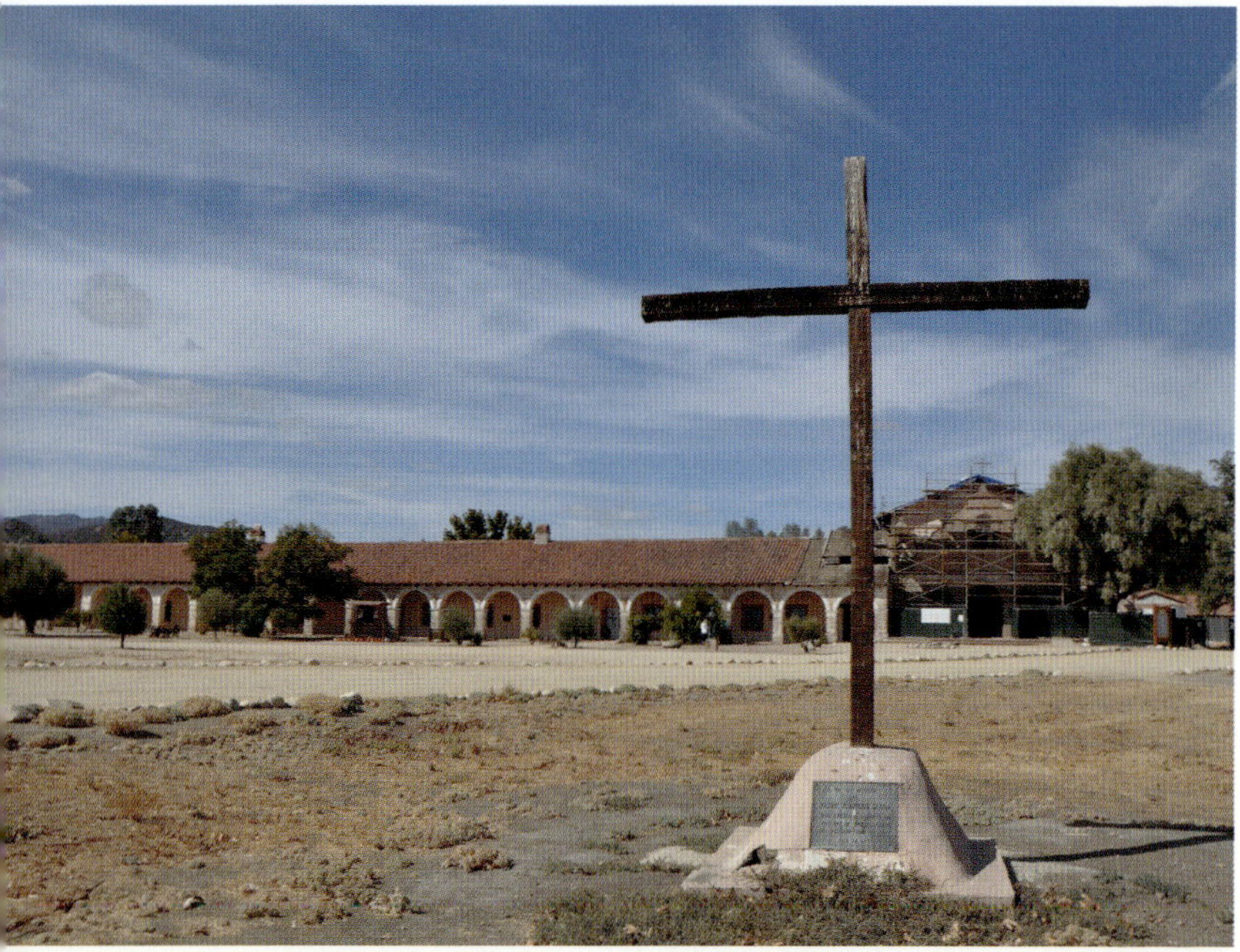
当時の様子を彷彿とさせるサン・アントニオの布教村（再建）

カリフォルニア地域の本部だったサン・カルロスの伝導所（再建）

セッラ神父やクレスピ神父が眠っている堂内の床（サン・カルロスの教会）

サン・カルロスの伝導所の回廊と中庭（再建）

大学のキャンパス内にあるサンタ・クララの伝導所（再建）

サン・フランシスコ市の発祥地　サン・フランシスコの伝導所（再建）

当初、カリフォルニアにおける布教村を連結するエル・カミノ・レアルの最終地はモントレイであったが、有望なサン・フランシスコ湾がその先に発見されたことで、サン・フランシスコが終点となった。とは言うものの、設置場所が確定していたのは、サン・ディエゴとモントレイだけで、それ以外の布教村は名前が与えられたものの、その設置場所が確定しておらず、具体的な建設計画があったわけでもなかった。その設置条件には三つあり、布教村間の連絡を密にするために等間隔に布教村を配置すること、設置場所が農耕や牧畜に有効な土地であること、そして、「魂の征服」達成のために原住民の集落が近くにあることだった。

スペイン人たちはサン・ディエゴとモントレイの要塞や布教村の建設を推し進めながら、布教活動と布教村の適地探しをしていた。しかし、メキシコ市との距離の問題で意思疎通が予想以上に悪く、布教村では飢餓状態に追い詰められるという困難がいつもつきまとっていた。

船が停泊できる港との関係で、布教村とエル・カミノ・レアルが南から順番に北に延びて行くことにはならなかったために、布教村の設置された順番が前後することになるが、セッラ神父が生前に関わった布教村を南から順に訪ねてみることにする。

サン・ディエゴの布教村（口絵参照）

その港はすでに一六〇二年、海軍司令官セバスチャン・ビスカイーノによってサン・ディエゴという名称と礎石とが与えられていて、その時代からヌエバ・エスパーニャ（メキシコ）ではよく知られた土地だった。一七六九年七月十六日、聖母マリアの庇護を願い、キリスト信仰による「魂の征服」という情熱に従って、セッラ神父は神聖なる十字架の旗を掲げたのだ。そして、港の見下ろせる高台に十字架が立てられた。この時、サン・ディエゴには多くの疫病患者が仮繕いの救護所に隔離されてはいたが、彼らを治療し看護する人間が数人いるだけだった。それでもそうした介護の時間の合間を縫って、皆が住むための小屋と小さな教会の建設に没頭していた。

その様子を見に来ていた近隣の原住民たちに、セッラ神父は食べ物の施しをし、積極的に慈悲深い言葉をかけてそこに引き付ける努力をしていた。しかし、彼らはスペイン人の言葉をまったく理解していなかったし、与えた食べ物を受け取ることにも関心を示さなかった。パロウ神父はセッラ神父の伝記の中で次のように書いている。

「ある日のこと、男児が教会の入口のところに立っているのを見つけたセッラ神父は、その子に甘い砂糖のかけらを与えようとしたところ、傍にいた大人がその児を追い帰してしまったことがあった。その大人はその砂糖に毒が仕込まれているかもしれないと思って慎重になっていたのだ。彼らは見たことのない食べ物に決して手を出すことはなかった。そうしたインディオの警戒心が、サン・ディエゴに留まっているセッラ神父たちを救うことになったのは皮肉なことだった。というのも、もし彼らが着る物に興味を持つほどに、食べ物にも関心を示していたら、サン・ディエゴの布教村は食糧不足のために全員が空腹で死んでいたかもしれないからだった」

スペイン人が差し出す食糧に対する警戒心とは裏腹に、着る物に対する執着は並外れていたらしい。彼らはそれらを盗んでまでも手に入れようとしていて、終いには港に停泊していた帆船の帆布を切り取って持ち去るような事件まで起こしていた。

「この事件以降、セッラ神父たちは原住民に信頼を置きながらも、彼らの行動を注意深く観察していた。火器（銃）の数は無視できるほどだったが、弓矢と刀のような短い木製のマカナ（石刃サーベル）、棍棒あるいは木槌のような物が彼らの主な武器だった。そうした武器で我々に襲いかかり、何の恐れも感じることなく盗みを始めたのだ。終に許されない事態が起きていた。たぶん、彼らの生活のすべてを我々の物に依存していたのだと思うが、たちの悪い盗人たちが善良な原住民をそそのかして一緒に行動するようになったのだ」

「一七六九年八月十五日、その日は聖母被昇天の大きな祭りが祝われる日で、フェルナンド神父が、港に停泊している船にミサを捧げるために二人の兵士を伴って出かけていた時のことだ。セッラ神父とビスカイーノ神父が聖母に祝福を終え、信者に聖体を授けていたら、集まっていた多くのインディオの中から突如として戦いに備えて武装している者たちが現れ、教会内の物を手当たり次第盗み、ついには救護所の貧しき病人にかけていたシーツや毛布を奪い取っていた。皮鎧をつけた兵士たちが現れたのを知って、盗賊たちが矢を射ようとしたが、警備隊長はすぐに大声で叫び、すかさず小銃を取り、数発発射して威嚇し、盗賊たちが矢を発射するのを牽制していた。四人の兵士と大工、それから鍛冶屋が松明に火を付けると、身を守る防具を着けていないにもかかわらず、盗人たちが盗みに入り込んでいる家や小屋に入ってゆき、大声で『キリストの信仰を讃え、敵のその犬どもを殺せ』と叫び、小屋に火を放っていた」

それを知ったセッラ神父は、原住民の犠牲者を出してはならないと判断し、まだキリスト教に改宗されていない純粋な魂がいるとすれば大変なことだと考え、その貧しい小屋の中に入り、鍛冶屋たちの行動を止めにかかった。その時、盗賊たちが撤退したかどうかを見ようとして、小屋の入口のスダレに手をかけて覗き込もうとしたビスカイーノ神父は、不運にも原住民が放った一本の矢でその手を射抜かれていた。神父の命には別状がなかったが、彼の一本の指に後々障害が残されることになった。

盗賊化した原住民の攻撃と不穏なわめき声が続く中、ホセ・マリア（五ヶ月ほど前にセッラ神父を殺害しようとした）という先住民兵士がセッラ神父のいる小屋に駆け込んできて、足元にひれ伏して原住民を殺してしまったことを告白していた。というのも、セッラ神父から改宗すべき原住民に手をかけることのないようにと、強く言い渡されていたからだ。神父はまずいことになったと思ったが、すぐにその死体を隠すようにとホセ・マリアに告げていた。

反乱原住民たちは修道士が仲間の死体を隠したことを知らなかった。もしそれが彼らの知るところとなれば、原住民改宗の重大な障害になりかねなかった。というのも、生き残った反乱原住民はスペイン人の持つ鉄砲の威力に驚き撤退していったのだが、死んだ者がいないかどうかを確認するために、負傷者を一人残らず連れて帰るのが彼らのやり方だったからだ。

この土地の者たちに知られないように先の原住民の死体を隠し、負傷している者のように見せかけたために、数日後には、なんとか平穏が戻ってきていた。それでも布教村では負傷者を治療する仕事が増えて忙しくなった。その不幸な事件は原住民たちにスペイン人に対しての畏敬と尊厳とを押しつけることになった。彼らはその後たびたび布教村を訪ねてきてはいたが、それでも、彼らは以前とは違って、決して武器を手放すことがなかった。

サン・ディエゴでの事件後のことをパロウ神父は書いている。

「以前に比べて積極的に接近するようになったインディオの中に、それまでにめったに来ることがなかった十五歳の少年がいた。彼は神父たちが与えた物に危惧することなく、何でも食べていた。セッラ神父は彼に施しをして、その見返りに原住民の言葉を彼から学ぼうとしていた。セッラ神父はこうした方法で若い魂に洗礼を授けることができるかどうか探ろうとしていたのだ。その結果、神父は少年の言葉をかなり理解できるようになっていた。他の神父たちの承諾を得てから、セッラ神父はその少年に小さい子供たちを連れてくることができるかどうか尋ねていた。ほんの小さな芽に丁寧に水を注ぐごとく、神父の息子や兵士たちの家族として布教村に住まわせ、彼らをキリスト教徒にすることができるかもしれないという望みを、セッラ神父はその少年に託したのだ。兵士たちは、子供たちにスペイン風の服を着せるために自分たちの子供のお下がりを恵んでいた。そして、子供らに積極的に話しかけ、インディオたちがスペイン人を理解し、さらには好感を持ち、スペイン人の温情が彼らに伝わるように努力していた」

パロウ神父はまた、次のようにも書いている。

「数日が経ってからのことだった。一人の女が少年と一緒にセッラ神父のところにやってきていた。同時に多くの原住民も彼女の後から付いていきていた。彼女は胸に生まれたばかりの乳児を抱いていて、彼女の手真似からセッラ神父は乳児が洗礼を受け入れるサインだと理解し、満面に喜びを表して、すぐに、乳児を包むための小さな衣服を用意していた。それはサン・ディエゴにおける最初の洗礼だった。その最初の洗礼を厳粛に挙行するために兵士に名付け親を頼み、またインディオたちにも立ち会ってもらった。セッラ神父がその式を執り行っている時のことだった。抱いた乳児に聖水をかけるために神父が立ち上がったときだった。突然、母親は血相を変えてその乳児を神父の腕から奪い取ると、手の中に持っていた貝殻をお札の代わりに神父に手渡し、教会を出て小屋に向かって帰っていった。聖水を施す行為は洗礼には絶対に必要な務めだったが、彼女の粗暴な振る舞いに神父は少しも顔色を変えずに、平常心を保とうと心がけている風だった。そして、側にいた兵士たちへその女の無礼に対して決して復讐することのないようにと頼むと、哀れで野蛮で無知な女であるのだと自分に言い聞かせ、それを静観していた」

結果を焦るばかり、セッラ神父の前のめりの姿勢が露呈してしまったエピソードだ。この女は、自分の乳飲み子に洗礼を望んでいたわけではなく、衣服を恵んで欲しかっただけだったのだ。それをセッラ神父が早とちりしたのだ。神父は冷静さを失い、沈着な判断ができなかった。セッラ神父はこの赤ん坊に誤った洗礼を授けてしまったことでかなり心を痛め、何日もの間、そのことが彼を苦しめていたのだそうだ。そして数年後に神父は皆に自分が犯したその罪を告白し、袖で拭く必要があるほど落涙したというのだ。

こうした過ちもあったが、サン・ディエゴの布教村では後に幼い者から大人まで合わせて、洗礼者一〇四六人を数えるまでになっていた。新信者の中にはスペイン人の生活様式を布教村に来たことのない原住民に教えようとする者さえ現れていた。こうした幸運とは裏腹に、いっぽうでは、いまだ不幸な状態にある原住民がいて、暴動を起こす火種になっていた。

ルイス・ハイメ神父の殉死

時は流れて、一七七五年十一月、サン・ディエゴの布教村の責任者だったルイス・ハイメ神父とビセンテ・フステール神父は、短期間に洗礼を受けいれていた七〇人の新信者と一緒に、新しい布教村で生活していた。その前年に、布教村は港により近い要塞のある丘の麓から、その港に注ぐサン・ディエゴ川の上流に移転していた。要塞のある土地は砂丘のようなところで、水利が悪く作物を育てるのに不向きな土地だった。反対に海岸線から六キロほど奥まったところにある新しい土地は、七〇名の新信者を扶養するための小麦やトウモロコシの収穫を得るのには優良な土地だった。

神父と新信者たちが充実した生活を徐々に勝ち取り、農耕の喜びを感じて行く過程で、そうしたものが村外の原住民たちの嫉妬を生み、重大な怒りの的となっていた。さらに加えれば、新しい布教村が原住民たちの大切な狩り場だったことにも、彼らは激怒していたのだ。

事の発端は、神父たちが未改宗原住民を積極的にキリスト教徒にすることを、お終にしたいと思っているという情報が、その周辺に住む原住民たちの間に知れ渡り、彼らを刺激することになったのだという。つまり、当初、一日に複数人に対して簡単に洗礼を授けていたのに、修道士たちが掌を返すような態度に出たからだというものだった。神父たちは何人かを洗礼しておいて、一方で、何人かを保留にし、決して洗礼を強要しないようにしますと発言したというのだ。このことは原住民に差別ととらえられた。後にビセンテ・フステール神父は、決してそのようなことを言った事もしたこともないと否定していた。この事件が起きたその時期に、サン・ディエゴとサン・ガブリエル（ロサンゼルス）間に新しくサン・フアン・カピストラノ（北緯三三度三〇分）の布教村を設置したことで、修道士不足が現実にあり、そうした誤解を招く結果になったのかも知れないと説明していた。

パロウ神父の記述では、改宗に携わる修道士の立場からすれば、原住民たちはキリスト教徒になることを欲しているのに、それに応えられなかったことに対する原住民の怒りだったと主張する。いっぽうで原住民の立場からすれば、自分たちの領域に勝手に入り込んだスペイン人が、村内に住む者と村外に住む者との貧富の差を作った事への怒りだった。知らなければ知らないで通せたものを、布教村内部の豊かな生活をのぞき込んだがために、貧困が武器を取らせたと見ることもできる。さらにもう一つ、新改宗者カルロスとフランシスコという酋長格の兄弟の存在だった。この二人はキリスト教を受け入れ、修道士を長とする布教村の一村民になったことで、結果的に酋長としての権威の低下に不満を持ったのだ。それを裏付けるように、修道士の「発言」の情報を村外の原住民に流し、原住民をたきつけたのは、新改宗者のこの兄弟だったからだ。

この二人は布教村を修道士に許可なく出て行ってしまったために、警護する軍曹と兵士数人が彼らを追って東に向かい、コロラド川が荒々しく刻む山脈の奥地まで出かけていった。そこは人の住む小屋などない行き止まりの土地で、原住民蜂起の兆候を示す危険などほとんどないところのように思われた。ところが、二人が逃げ隠れたところに、一〇〇〇人を超える原住民が集結していたのだ。驚いたことに彼らは今までにお互い会ったこともない初対面同士で、サン・ディエゴの布教村と要塞を破壊するためだけに集まった者たちだった。

その集団は十一月四日、辺りが暗くなってからサン・ディエゴ川沿いの布教村に着いていた。彼らは伝道所周辺の村人の小屋に入り込むと、住人を脅して衣服や装飾品を奪い取ってから小屋に火を付けた。蜂起した者たちの不穏な喚き声が布教村に住む者たち全員の目を覚まさせていた。原住民が弓矢を発射したのをきっかけに、警護の兵士たちは銃を発射して応戦していたが、その戦いの現場からすこし離れた所で床についていたビセンテ神父は、火事に気がつくと、預かっていた要塞司令官の息子とその従兄弟の女の子を兵士たちが戦っている背後に連れて行き、保護を求めていた。他の部屋では布教村の鍛冶屋と大工、それから病気療養のために布教村に滞在していた要塞の大工ウルセリーノが隠れていた。

いっぽう、自分の独居房で休んでいたルイス・ハイメ神父は、火のはじける音と怒声や悲鳴を聞いて飛び出してきたが、目の前に武器を手にした原住民の姿を見て驚き、天に向かって「神よ、息子たちに愛を」と叫んでいた。武装集団はハイメ神父を取り囲むと、無言のまま力ずくでサン・ディエゴ川のある谷間に向かって連れ出し、彼の僧服を乱暴にはぎ取ると、それを捨て去った。怒れる原住民たちは神父を取り巻くと、手に持ったマカナ（石刃のサーベル）を代わる代わる神父の体に打ち付けていた。白い体が赤い血にそまりながらも祈りの言葉をつぶやいていたが、やがてもだえ苦しむ間もなくハイメ神父は息絶えていた。それでも憎しみの矢が彼の体にたくさん射込まれ、遺体は原型をとどめないほどに破壊されていた。

その後、反乱原住民は大工と鍛冶屋が眠っていた部屋に向かっていた。鍛冶屋はそれに気づき、手に刃物を持って逃走したが、弓矢の攻撃を受けていた。大工は猟銃を持って逃げ、部屋の扉近くにいた原住民を発砲して殺した後、兵士がいるところに合流していた。そこにはビセンテ・フステール神父の他に、先の二人の子供、負傷していない大工、そして、三人の兵士と隊長がいた。

サン・ディエゴ湾近くにある要塞に、すぐさま布教村が襲撃されていると知らせが入っていた。さっそく要塞の兵士が布教村に派兵され、布教村に残っていた神父たちと合流することができたのだが、この時、布教村では、最も巨漢な兵士が中に隠れている者たちを守るために角材を持って大声で叫び、反乱原住民を威嚇し、時には鉄砲で攻撃したり、刀で切りつけたりしていた。接近戦では勝ち目がないと知った原住民たちは火矢を放っていた。ところがその時には大切な物をアドベの壁で仕切られた屋根のない台所に運び込んでいて、大きな火災になることはなかった。そこには兵士一人と大工が守りを固めていたが、ビセンテ神父は二人に、弓矢の攻撃を受けたり武器を持って原住民が近づいて来た時だけ反

焼討にあった古い伝道所の遺構

殉教したハイメ神父の墓標

撃するように言いつけていた。

反乱原住民たちは弓矢がアドベの壁に歯が立たないと知ると、草葺きの建物に火矢を放つ作戦に変更していた。それを見たビセンテ神父の顔が蒼ざめていた。というのも、茅葺き屋根のある小屋から火薬樽を移動するのをうっかり忘れていたからだ。幸いにして火薬樽に引火し、爆発を起こすという最悪の事態から免れることができていた。

原住民の攻撃は夜が明けるまで続いたが、翌日の十一月五日、布教村では快晴の朝を迎えていた。それでもあまりの死者の多さに、生き残った者たちの心は暗く沈んでいた。反乱原住民がすっかり姿を消したのを確認してから、残った村人たちがおそるおそる小屋から出てきて、ビセンテ神父のところに集まってきていた。神父は、まずはみんなに穀倉の熾火を消し、食糧を確保するように言いつけ、さらに、行方不明になっているハイメ神父を探し出すように促していた。

ハイメ神父が教会前の小川の中で死んでいるのを村人が発見したが、ほとんど識別できないほどに損傷が激しく、皆の悲しみを一層深いものにしていた。村人は彼の遺体を大泣きしながら運び、ビセンテ神父のところに持ち帰っていた。ハイメ神父の無残な亡骸を見たビセンテ神父は一瞬氷付き、その後、村人たちの泣き声を聞くまで気丈夫に心からハイメ神父に愛情を示していたが、こらえきれずに突然泣き崩れていた。

要塞の礼拝堂

ビセンテ神父はルイス・ハイメ神父と鍛冶屋ホセ・リメーロの死体を白い布でくるみ、死者の行進で要塞に運び、要塞内の礼拝堂内に埋葬するように言いつけると、自分は布教村に残り負傷者の治療に当たっていた。またビセンテ神父は要塞司令官にたいして、布教村に残っていたトウモロコシや小麦の袋、それから村人を一時的に要塞に移すことを願い出て、そうしてもらっていた。

いっぽう、要塞司令官は早速、北部サン・フアン・カピストラノの布教村の設置場所を探すために出向していた中尉に手紙を書き送り、応援を頼むと同時に、近隣の原住民の集落に派兵し、反抗の企みがないか探らせていた。兵士たちは物騒な銃をちらつかせて原住民を威圧し、二度と布教村と要塞を襲撃しないように牽制していた。

後にこの事件を主導した改宗原住民カルロスとフランシスコ、それに同調した反乱原住民が多数逮捕され、要塞内の監獄に収監されて奴隷状態に貶められていた。このルイス・ハイメ神父の殉教という事件は、理不尽にも事件に関わりのなかった善良な原住民たちさえも好戦的な者たちと一緒に要塞の監獄に押し込められるという不幸を生んでいた。それは、セッラ神父がモントレイからサン・ディエゴを訪ねることになる一七七六年の八月まで続いていた。

パロウ神父はその時のセッラ神父のことを書き記している。

「たぶんセッラ神父は、こうした足枷をつけられた哀れな囚人たちを訪ね、彼らに慰めを与え、キリストの信仰に帰依するように彼らを説得したに違いない。軍曹（ペドロ・ファヘス）はセッラ神父に対して、一七六九年の時にもルイス・ハイメ神父や布教村の修道士の命を奪おうという企てがあったと報告していた。その時、この温情の神父は『彼らを監獄から解放してくれたら、この不幸な者たちに愛情をこめて接し、キリスト教徒になるように説得してみせます。主の加護のもとにあれば、王はその罪を許しましょう』と訴えた。しかし、彼の言葉を素直に受け取る者は誰もいなかった。それをセッラ神父はひどく後悔していたが、後にクリスチャンになりたいという原住民を仲裁することで、神父は神の救いを求めていた。この不幸な民、不幸にして人殺しにさせられた善良なるインディオは、一七七六年八月十五日、死刑の日の夜明けを迎えていた。神父がカリフォルニアに来てからすでに六年が経っていたが、修道士たちの目の前で首に一本の綱が掛けられた不幸な民を見て驚いていた。捕まってから一〇〇年が経っている訳でなく、また、ごく最近捕まった囚人でもなかったのに、すべては誤解のまま、不運による死刑が聖母の昇天祭と同じ日（八月十五日）に起きようとしていた。それもセッラ神父と行動を共にし、六年をこの地で過ごしてきた軍人たちによってこの絞首刑が企てられていたのだ。こうして『魂の征服』が大いなる失敗に帰したことに、セッラ神父はひどく落胆し、失望していた」

＊

サン・ディエゴ・デ・アルカラの伝道所は、今日のサン・ディエゴ市の中心部から六キロほど奥まった、アメリカン・フットボール、チャージャーズの本拠地クアルコム・スタジアムの近くにある。かつてそこはニパグアイと呼ばれていたところで、サン・ディエゴ湾（現在のミッション・ベイ）に注ぎ込むサン・ディエゴ川の辺にその土地が見つけられたが、今日でも長閑そのもので、どこか田舎めいている。

布教村と言うと、その周辺に広大な敷地を持っているところが多いために、この山がちな布教村を初めて目にした時、防衛のための城山の麓に造られたのだと思った。というのも、その周辺には広々とした平地があるわけではなく、どちらかと言えば起伏に富んだ地形だったからだ。それでも、伝道所の建物に沿って弧を描くようにサン・ディエゴ川が流れていて、そのせいか乾燥したカリフォルニアという印象はなく、周辺には緑豊かな森が広がり、川の淵や池が点在していて、水利に恵まれた土地だったことが容易に想像できる。

再建された教会は堅牢になったが、幾多の困難を経て今に至る

今日見ることのできる教会の原型は、一七七六年から九〇年にかけて再建されたもので、以前に比べて原住民の攻撃を意識して防壁を設け、頑丈に造られたのだという。一七九七年の時点で五六五名の改宗原住民を抱えていたこの布教村は、カリフォルニアで最も大きな布教村となり、二万平方キロの土地を持ち、小麦、大麦、トウモロコシ、豆類の他、多様な野菜を生産し、牧畜においては二万頭の羊、一万頭の牛、一二五〇頭の馬を飼育していた。その広さから察すると、布教村の範囲はメキシコとの国境を遙かに越えて、ティファナ、エンセナダ辺りまであったかもしれない。

不運にも一八〇三年に伝道所は大地震に見舞われる。修復のために一〇年ほどの歳月を費やし、再出発をしていた。ところが一八二一年に、メキシコがスペインから独立を果たしたことで、布教村政策、植民地政策に陰りが見えはじめ、カリフォルニアの布教村ではスペイン時代のような援助が期待できなくなっていた。それに追い打ちをかけたのは、布

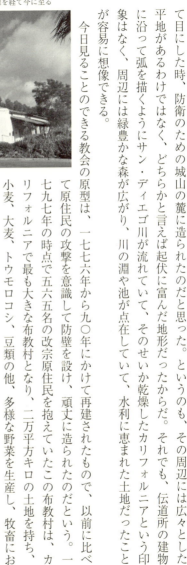

教村の世俗化だった。一八三四年、布教村が修道士たちの手を離れて、そこに住む村人たちの自主運営に任されることになったのだが、その当時、四二三家族が住んでいた布教村は徐々に離散して、一八三八年には人口が一五〇人以下となり、村は消滅してしまう。

いっぽう、今日ミッション・ベイと呼ばれているサン・ディエゴ湾を見下ろすことのできる丘のサン・ディエゴ要塞には司令官とその家族が住んでいたが、メキシコ政府の支援が届かないこの地で、古ぼけた大砲と時代遅れのマスケット銃を持つ戦意消失の軍隊四〇兵が警護しているだけだった。メキシコの独立戦争後の混乱に乗じて起きた一八四六年の米墨戦争では、アメリカ合衆国軍のモルモン教義勇軍がこのサン・ディエゴ要塞を攻め立てたが、前述のような理由で簡単に攻落してしまう。一八四八年のグアダルーペ・イダルゴ条約でメキシコの領土だったテキサスとカリフォルニアがアメリカ合衆国の領土に組み込まれてしまうが、サン・ディエゴの伝道所は合衆国軍騎兵隊の駐留地となり、改宗原住民も寄りつかなくなって、ついには、放棄されて廃墟に追いやられてしまう。

一八五〇年の時点では、今日のサン・ディエゴ市に六五〇人が住んでいて、その彼らのほとんどはメキシコ国統治時代から住んでいた者たちだった。ところが、一八四九年のサン・フランシスコでゴールドラッシュが起きたことで、陸路による過酷な西進が不可能だと判断した東海岸の「フォーティ・ナイナー（にわか鉱山主）」たちが大勢、パナマ地峡経由でサン・フランシスコに移動するという事態が起きていた。そのために、その途中にあるサン・ディエゴ湾は船の寄港地としての役割を担うことになり、一八五二年にはある資産家によって港に桟橋の整備が進むことになったのだという。一八五三年には日本史にとって大きな転機となったペリー艦隊襲来があり、アジア進出を執拗に試みていたアメリカ合衆国の姿がそこに見えるが、そうした政策とサン・ディエゴの発展は密接に関係している。この頃からサン・ディエゴは、アメリカ太平洋艦隊の基地となり、戦略的に重要な町になっていたのである。

サン・ディエゴが海軍基地を持っていたために、造船業が産業として定着したのはもちろん、漁業も当然のごとく発展を見せ、一九一〇年代からはマグロ漁が活発となっている。それに併せて大規模な缶詰工場が操業を開始し、それは、アメリカ国民の生活様式の変化や第一次、第二次世界大戦の特需と相まって、大きな産業になったという。

二〇一四年の時点で、サン・ディエゴは一三一万人の人口を擁しているが、そのうちヒスパニックが二五パーセントを占めるという。それはもともとここがメキシコの領土であったことと関係しているが、町の中心から車で一五分ほど走ればメキシコとの国境となっていて、経済的には異国の隣町ティファナと密接な関係を有しているからである。サン・ディエゴに本社を置き、安い賃金のティファナの工場で製品を作らせるという構図がそこにある。

サン・ディエゴの歴史的な見所は、もちろんサン・ディエゴに最初に建設された要塞（プレシディオ公園）とその足下にあるオールドタウン州立公園、それから移転した伝道所である。しかし、今日のサン・ディエゴは観光客にとって新しい魅力の町となっている。マリン・スポーツに適したビーチ、それからサン・ディエゴ海洋博物館、USSミッドウエイ博物館、サン・ディエゴ美術館、サン・ディエゴ動物園などその数とバラエティに富んでいる。サン・ディエゴでも十分にメキシコの雰囲気を楽しむことができるのだが、気軽に国境を越えてメキシコの隣町ティファナに滞在することができるから、旅を二倍楽しむこともできる。

前述のようにサン・ディエゴはエル・カミノ・レアルにとって重要な拠点となっていた。便利な港湾

海を見下ろす高台にあるプレシディオ公園

今は星条旗がなびくプレシディオ公園

を有し、物資や情報がここを経由して北へ、あるいは南に流れていたばかりでなく、重要な軍事基地としての役割を果たしてきた。

その軍港を見下ろすことのできるプレシディオ公園の丘に登ってみた。今は要塞の建物はすっかり取り払われ、ユーカリの木が生い茂る殺風景な公園になっていて、海を望むことができる地点にスペインやメキシコではなく星条旗が寂しく翻っていた。『強者どもの夢の跡』という芭蕉の句を思い出した。この公園内にはフニペロ・セッラ博物館の白い建物が建っている。一八九〇年代の遺跡調査のために撮られた写真の背景にその白い建物が写っていることから、この建物は副王時代に建てられた要塞内にあった兵士たちのための礼拝堂であることはほぼ間違いない。

支配者が変わってもこうした宗教的な建物が残されることになったのは、一八六一年にアメリカ合衆国の大統領になったアブラハム・リンカーン、彼は厳格なバプティスト派の信者だったのだが、カリフォルニア州にある二一のカソリックの宗教施設に対してそれぞれ二二エーカーの土地を与え、宗教活動を認めたからである。当時、アメリカは奴隷制廃止に反対する南部諸州が連邦から離脱する動きがあり、南北戦争に突入しようとするまさにそうした時期で、リンカーンは一八五〇年にアメリカ連邦に加わっていたカリフォルニア州を北軍側に引き留め、支持を得る必要があった。先の施策には南北戦争という背景があり、カソリック信者の多かったカリフォルニア州に配慮した結果だった。こうして布教村はわずか一〇〇年あまりの間に、時代の大きな変化に身をゆだねるしかなかったのだが、セッラ神父たちの足跡だけはなんとか残されることになったのを幸いとするしかない。

さて、エル・カミノ・レアルで次のサン・フアン・カピストラノを訪ねることにするが、その前にセッラ神父の死後、サン・ディエゴ・デ・アルカラとサン・フアン・カピストラノの布教村の間にできた布教村を紹介しておこう。それは一七九八年に設置されたサン・ルイス・レイ・デ・フランシア（フランス国王聖ルイ）という名の布教村で、もちろん、フランス国王ルイとは一三世紀のルイ九世のことで、第八回の十字軍遠征のおり、チュニジアで病没したために一二九七年に列聖された聖人である。

この布教村には三〇〇〇人程の改宗原住民が定住し、牛、羊、馬併せて五万頭を飼育し、三八四六平方キロという広い耕地を所有していた。しかし、残念ながらこの布教村は短命で、メキシコの独立後には衰退し瓦解してしまう。わずかに四〇年余り存続したに過ぎなかった。現在見ることのできる伝道所は、古い史料をもとに再建されたもので、その規模の大きさをうかがい知ることができる。

サン・フアン・カピストラノの布教村（口絵参照）

セッラ神父が、一七七四年五月中旬、メキシコ市での食糧支援の交渉を終えてサン・カルロス（モントレイ）の布教村に着いて数日後のこと、モントレイ要塞に新司令官フェルナンド・デ・リベラ・イ・

モンカダが、前任者ペドロ・ファヘスと交代するために着いていた。ルイス・ハイメ神父殉死の一年半前のことである。

モントレイでは以前のような反抗者がいなくなり、豊富な食糧と衣糧目当てに、酋長に誘われて集まってくる原住民はかなりの人数に上っていて、毎日、洗礼希望者の大きな輪ができていた。通訳の助けを借りながら、原住民にキリスト教の教理を説き、短期間に多くのキリスト教信者を獲得していた。

それでもセッラ神父の情熱は冷めることはなく、当然のごとく新しい布教村設置へと向いていた。神父はエル・カミノ・レアル上にある布教村の連絡を密にするために、サン・ディエゴとサン・ガブリエル（ロサンゼルス）の中間点にサン・フアン・カピストラノの新布教村設置を新司令官に強く要望していた。そこは以前、神父が布教村を作るのに適した土地だと目を付けていたところで、木の枝で凱旋門を作っておいたところだった。

サン・ディエゴでの原住民反乱の四日前の一七七五年十月三十日、フランシスコ・トウメッツ神父は、カリフォルニアの八番目の布教村サン・フアン・カピストラノの仮の礼拝堂に多くの原住民を集め、新しい住民や兵士と一緒にその設置を祝った。彼らは大いに修道士たちを助け、家や礼拝堂の家具を作るために、木を伐り、運ぶのを手伝っていた。

その八日後のことだった。サン・ディエゴから、原住民たちが布教村に火をつけ、修道士一人が殺されたという知らせの手紙が彼らのもとに届いた。この布教村設置のために来ていた新司令官フェルナンド・デ・リベラは数人の兵を引き連れて、早速、馬でサン・ディエゴの要塞に向かっていった。こうして工兵を失ったサン・フアン・カピストラノの布教村建設は、必然的に中断を余儀なくされることになる。

サン・ディエゴの布教村がインディオによって襲撃（一七七五年十一月四日）を受けてから半年ほどして、セッラ神父がサン・ディエゴを訪問したことは前述のとおりである。しかし、事件から半年以上経っていたその時点でも、副王からサン・ディエゴ再建の指示や支援のないまま、セッラ神父は焼けただれたサン・ディエゴの布教村でいらいらしながら副王の書簡を待っていた。

一七七六年九月二十九日、ようやく副王の命令でカリフォルニア半島から派兵されたサン・ディエゴ再建の任務を持った二五兵が、セッラ神父のもとに着いていた。彼らはこの時、サン・ディエゴの事件後の沙汰を示した副王の書簡を持ってきていた。その書簡にはサン・ディエゴの再建とサン・フアン・カピストラノの新設を急ぐようにとの指示が書かれていた。セッラ神父にようやく元気が戻ってきていた。

胸のモヤモヤを解かれたセッラ神父はサン・ディエゴの布教村建設を二人の修道士に任せると、自らはサン・フアン・カピストラノの布教村建設場所に向かった。布教村の中心を決め、村の施設の配置を指示して、布教村建設を滞りなく維持できるようにしてから、その後を二人の修道士に託すと、再びサン・ディエゴの要塞に戻っていた。サン・ディエゴで布教村再建の状況を確認してから、副王にこの二つの布教村建設の進捗状況を手紙に書き、その書簡を乗せた帆船が出航するのを確認してから、再びサン・フアン・カピストラノに戻った。彼と一緒だったムガルテギ神父とアムーリオ神父、隊長と一二兵の警護隊は、村の建設に必要な道具すべてを持って十字架の立ててあったその場所に着いた。そして、みんなでその原野を耕し始めた。この時、原住民が集まって彼らに手伝いを申し込んだと、パロウ神父は書いている。

この布教村建設地は北緯三三度三〇分に位置し、サン・ディエゴから一四〇キロ、サン・ガブリエル

かつてのエル・カミノ・レアル、
インタースティト・ハイウェイ5号線
はサンディエゴからロサンゼルスへ向かう

ロサンゼルスからの観光客が
メトロリンクから大勢はきだされた

(ロサンゼルス)までは約一〇〇キロ、海岸線から二、三キロのところにあり、近くには飲料に適した川が流れていて、耕作に良い肥沃な平野が広がっていた。また、伝道所からは太平洋を望むことができ、帆船の行き来を監察することができるほか、広い河口には帆船が停泊することもできた。夏は暖かく冬には寒かったが、作物を育てるのに良い環境で、スペイン人が住むにも健康的な土地だった。川から灌漑で水を耕作地に引けば、小麦、トウモロコシ、フリホール、緑の野菜が十分に収穫できる土地になるとセッラ神父は確信していた。

セッラ神父が自信を示したように、後にこの土地ではブドウが栽培され、ワインの生産が活発になった。さらにはスペインから持ち込んだザクロ、桃、マルメロなどの果樹も植えられ、大いに繁栄したという。

＊

サン・ディエゴからインターステイト・ハイウエイ五号線で一四〇キロほど北上し、オレンジ・カウンティ(郡)に入ってすぐのハイウエイの脇にサン・フアン・カピストラノの町があった。人口が三万五〇〇〇人弱で、あたりは緑豊かな静かな住宅地になっている。私がこの町を訪ねたのは土曜日で、そのためかこの小さな町に大勢の観光客が押し寄せてきていて、賑わっていた。プロテスタントの人口が多いこの米国で、スペイン人が建てた布教村やその教会の廃墟に関心など持つ者などいないはずと強く信じていた私は、驚いてしまった。

四角い中庭には布教村の作業場や倉庫があった

観光客のためによく整備されている広い中庭

大型の観光バスが何台も教会の周りの道に駐車し、その近くにある鉄道駅からは列車が着くたびに多くの観光客がはき出されていた。町全体が観光地になっていて、土産物屋のほか、古いアドベの住居を利用したしゃれたレストランやコーヒーショップが並んでいる。秋の好天も手伝って、町は活気に満ちていた。私がすでに訪れていた他の布教村では、想像も付かない観光客の数だ。

カリフォルニア人の観光と言えば、西海岸の海はもちろん、お隣のネバダ州やアリゾナ州に雄大な自然、風光明媚なスポットが控えている。だから、週末の観光に事欠くことなどないはずだ。日本人からすればたかが二〇〇年前の、それも長い間放置され、古い記録を元に再建されたカソリック教会の遺跡に関心を持つアメリカ人が居ることに驚いてしまった。オートモビル・クラブ、トリプルAで出しているカリフォルニア州の道路地図に、エル・カミノ・レアル、米国人の言うところのミッション・ロード上にある布教村の遺跡マークである十字架が二一個も記載されているのに気がついたのは、サン・ディエゴからサン・フランシスコまでこの地図を頼りに布教村を訪ねて、だいぶ経ってからのことだった。そのことに気がついてから、地図をルーペで覗いてみたのだが、十字架以外に遺跡に関するマークがまったく見当たらなかった。それもそのはず、このカリフォルニアには布教村以前にアメリカ人の古い歴史が存在しなかったからだ。

このサン・フアン・カピストラノの伝道所は、一八一二年にカリフォルニア

石造りの教会は1812年の大地震で崩落した

を襲った巨大地震でほとんどの建物が崩壊してしまった。ちょうどその時、教会ではミサを行っていて、四〇名ほどの原住民が教会天上から落ちてきた石で犠牲になるという不幸があったのだという。そしてその彼らは教会の背後にある墓地に埋葬されたそうだ。その後、サン・ディエゴとサン・ガブリエル（ロスアンゼルス）との中間地点であるサン・ファン・カピストラノの伝道所は再建されて機能していたが、教会の石の建造物は再建されることなく放置されることになった。それには訳があった。残されたその教会の壁に、イワツバメが毎年飛来し、巣を作ったからである。ツバメは遙か南のアルゼンチンから一ヶ月をかけて毎年三月の彼岸にここにやってきて、九月の彼岸のころに南に帰って行くのだそうだ。ツバメたちが神の使いと思ったのか、はたまた彼らのけなげな営みに慈悲の心を芽生えさせたのか、布教村の神父と村人は教会再建をあきらめたのだ。

メキシコがスペインから独立を果たした一八二一年以降、布教村は政府の後ろ盾を失い、さらに一八三四年には世俗化の波にのまれて、この伝道所はファン・フォルスターと言う人物に売り渡されてしまう。当時の伝道所はタイルやモルタルがはがれ落ち、木の梁やアドベがむき出しになり、雨のたびにアドベが溶け落ちてゆき、以前あった伝道所はその原型をほとんど留めることはなかった。アドベの壁が無くなり煉瓦で造られたアーチや柱が突っ立っていた。それでもファン・フォルスターがこの伝道所の建物の一部に住んでいたために、部分的に残されることになったのだという。

一八九五年、荒れ放題の布教村を野放しにできないと立ち上がった多くの人たちの支援で、この伝道所再建が始まった。カリフォルニアのどの伝道所でもおなじだが、教会や政府の支援なしに、多くのボランティアによって今は支えられているのだそうだ。歴史の浅いアメリカ合衆国、その中でもカリフォルニアはスペイン人によって作られた二五〇年の歴史がある珍しい地域である。アメリカ人がそのことに気がついたのだ。

一八八九年のこと、この土地に住むモデスタ・アビラという黒い瞳を持つ若くて美しい女が刑務所に留置されるという事件があった。ことの起こりは、モデスタの母親の土地にサンタ・フェ鉄道会社が勝手にレールを引き、そこに列車を走らせたことだった。彼女の母親が、列車がはき出す黒い煙と轟音に悩まされ、鶏が卵を産まなくなったとサンタ・フェ鉄道会社に訴えたが、それに対する保証もないまま会社は列車を走らせたのだ。モデスタはついには実力行使に及び、洗濯物を干したロープを、線路をまたぐように張り、列車の通行を阻止しようとした。運転手はそこを通行するたびにロープを外して通らなければならなくなったために、サンタ・フェ鉄道会社は彼女を裁判所に訴えてしまう。第一回目の陪審員による審議が行われた後のことだった。未婚のモデスタが妊娠しているというスキャンダラスな噂が町中に広がっていた。当時、理不尽なことにふしだらな女性に対する嫌悪と非情が時代の世相だったことが、彼女の裁判に影響することになり、ついに二回目の裁判でモデスタは三年の刑を言い渡されてしまったのだという。モデスタの弁護士は彼女がその「噂」によって刑を課せられることになったのだと、彼女の死後、述懐したという。彼女はあと一年の刑を残して二十二歳で死んだが、もちろん獄中、子供を生むことはなかった。

彼女のモデスタ・アビラという名前と犯罪者記録用に撮られた写真から、彼女は布教村に住んでいたメキシコ人の末裔か、フランシスコ会の修道士に洗礼を授かった原住民の子孫のようだ。こうして、資本主義思想の鎧を身につけて東海岸からやってきた者たちに、無残にも踏みつぶされた名も無き貧しい人々の声は、アメリカの近代化が発する轟音にかき消されてしまったのだ。

サン・ガブリエルの布教村建設（口絵参照）

一七七一年七月七日、南に位置するサン・ディエゴとサン・フアン・カピストラノ、そして、ここサン・ガブリエルの三つの布教村に赴くために六人の修道士が、サン・アントニオ号に乗ってモントレイ港から出発し、八日間の航海の後に、七月十四日にサン・ディエゴ港に着いていた。

翌月の六日、サン・ディエゴからペドロ・ガンボア神父とアンヘル・ソメラ神父が一〇人の警護兵と道具を背負ったラバを引く馬子を伴って出発した。かつて探検隊がたどったことのある道に沿って北に向かって進み、二〇〇キロほど歩いて、テンブロレス川（最初の探検隊がそのように名付けたサン・ガブリエル川）のあるところにたどり着いた。

そのテンブロレス川周辺は広く開けた土地で、そこには芦でこしらえたたくさんの原住民の小屋があり、中でも二人の酋長はそれぞれ立派な小屋を持っていた。当初、彼らはスペイン人の入植と布教村設置を阻止しようと抵抗していて、ことあるごとに不穏な喚き声をたててスペイン人を威嚇していた。神父たちは争いや不幸な事件になりはしないかと危惧していた。そんな心配事を払拭する方法はないかと二人の神父は考えたあげく、リネンにくるまれた孤独のマリア像の包みを取り出し、それを原住民の見

博物館に収蔵されている古い聖像

このあたりの原住民たちは芦で作った小屋に住んでいた

えるところに置いてみた。それは経験上彼らが布にひときわ関心を持っているのを知っていたからだった。ところが、彼らはそれには何の反応も示さなかった。そこで、神父たちはそのリネンをほどいて見せることにした。その中から美しい顔立ちの聖母像が現れたのだが、そのとたん、その美しさに屈服したかのように、二人の酋長は弓と矢を地面に投げ出し、聖母像の足元に忙しく走り寄ると、自分たちの一番大切な物と思える首にかけていたビーズの数珠を置いたのだ。

原住民たちを自分たちの小屋に集めることができたのは先の聖母像だった。彼男、女、子供が入り混じって人数が増え、聖母像を見に集まってきていた。彼らは沢山の果物や木の実を担いできていて、自分たちが食べるように聖母がそうするものと思って、それを聖母像の足元に供えていた。

実はこうした話はサン・ディエゴでもあった。サン・ディエゴ港の近くに住んでいたある原住民の女は、乳児イエスを抱く聖母マリア像が小屋の中に祀られていると知って、それを見に来ていた。そこには杭の囲いがあって中に入ることが出来なかったために、神父たちに声をかけた。そして、丸太の隙間から乳で満たされた乳房をニーニョ（乳児イエス）のために差し入れようとしたのだ。神父たちが運んできたこのように優しく美しい顔立ちの聖母の赤ん坊に乳を与えに来た女の行動に、神父たちがすっかり勇気づけられ気を良くしたというのだ。

サン・ガブリエルの原住民たちが偶然にも聖母像を見てしまったことで、幸運にも、頻繁に修道士のところを訪ねるようになったが、その土地に定住する意思があるかどうかはわからなかった。それでも修道士たちは、彼らに愛情を示すとともに、贈り物を与えるように努力していた。広大な耕作地と牧草地を見つけ、登記し終えると、もっとも有効と思われる地点に布教村の礎石を据えた。最初のミサを聖母の誕生の九月八日に、緑の小枝で作った凱旋門の下で祝福した。次の日、礼拝堂の位置を決め、同時に神父たちのための一軒の家を建てた。他に兵舎、催しをする広場とそれを防衛するための柵をめぐらした。建設のためのほとんどの木は先の原住民たちが切り、運び出した。彼らは質素な小屋を作る手伝いもしてくれていた。そのような理由から神父たちは極めて幸せな結末を彼らに期待していた。その後、スペイン人の宣教法による「柔らかい支配」が彼らを包むことになっても彼らはそれを拒まなくなっていた。

こうした原住民との関係が良好な状態にあった時、一人の兵士が酋長を銃で殺害するという事件があり、布教村の責任者である修道士にとってはきわめて不愉快な事件となった。

パロウ神父の記録によれば次のような事件だ。

「立派な小屋を持つ一人の酋長が事件と関係があった。異端の酋長は自身とその妻に与えられてきた辱めを復讐しようとして、近くに住む仲間全員に武器を持たせて組織していた。そして彼らは、布教村から少し離れたところで警備の仕事をしていた二人の兵士の前に現れた。兵士たちは牧童や家畜を守る仕事をしていたのだが、その一人が酋長に嫌がらせをした張本人だった。兵士たちは原住民が武器をもって大挙して押し寄せて来るのを知って、矢から身を守るために皮の胴着や脛当てを身に着け、銃の弾込めを終えていた。原住民たちは酋長を侮辱した兵士に向かって矢を発射した。それは銃を持つ他の兵

原住民との不和のせいか、無機質な教会になってしまった

に対してもそうだったが、露骨にも先の兵士に集中していた。もし、酋長に銃弾一つが発射されれば、打った兵士に仕返しとして他のインディオたちが矢を射て殺すことになるのは容易に想像できた。それまでに決して経験したことのない緊迫した状況だったが、インディオたちは我々の持っている銃の威力を間近に見て、弓矢では到底勝てないと知り、この不幸な酋長を置き去りにしていそいそと逃げて行ってしまった。酋長が辱められていたのに、結果として彼が悪党の銃で死ぬことになってしまった。この事件はインディオたちが銃をかなり怖がっていることを示していた」

その事件以降、原住民の逃亡が繰り返されるようになった。また、酋長の殺害に対する原住民たちの復讐を恐れて、サン・ガブリエルの布教村防御のために兵士を一六名に増やすことになった。それでもサン・ガブリエルの布教村完成のめどが立たなかった。それはこの忌まわしいスキャンダルが尾を引いていたからだった。そのために司令官は事件の発端となった兵士を遠くに左遷してしまった。

その後、彼らは徐々に愚かな兵士が犯した酋長の殺害を忘れていった。そして、何人かの子供が改宗を受け入れていた。皮肉なことに殺された酋長の息子が最初の洗礼者の中にいた。修道士たちが夫を亡くした酋長の妻に善意を尽くし、それに妻が応えた結果だった。その妻の姿を見て、他の者たちがそれを見習ったのだった。こうしてそのスキャンダルの傷も癒やされていった。そしてその二年後には七三人の信者を獲得していた。

星型の噴水

再建された教会内陣

＊

ほとんどの布教村が西海岸に近い場所を選んで設置されているのに、ここサン・ガブリエル・アルカンヘルの布教村の立地はかなり奥まったその名もサン・ガブリエル山脈の足下に設置された。かつてその東にサン・ガブリエル川が流れていて、そこから用水路で布教村まで水を導くことで、農耕を支え、家畜を育んでいた。ロスアンゼルス市街地の東、毎年一月一日にローズボールが開催されるパサディナに近いこのサン・ガブリエルの布教村は一七七一年に設置されたが、前述のように原住民との軋轢があり、軌道に乗るのに時間を要していて、一七九一年から一八〇五年の間に本格的な石の教会が建てられることになった。ところが一八一二年の地震で天上が落ち、その後も何度か地震に見舞われているのだが、壁はその頃のままで、現在まで健在だという。

しかし、セッラ神父たちがゴルダ山脈で見せた教会建築の極意はどこにも見られない。教会正面には長方形の聖歌隊席の明かり採りの窓と小さな入り口があるだけで、そのほかの要素を極力排除したデザインで、特記するべきは控え壁に穿たれた壁龕の中のサン・ペドロとサン・パブロの彫像、そして、その上端にあるピラミッド型の殺風景な尖塔だけだ。寂しい限りだ。

一八〇〇年代初期の配置図を見ると、伝道所前の今日駐車場になっているあたりに大きな溜池があり、その北と道を挟んだ南に広大な耕作地があった。

伝道所周辺の環境は都市化とともに住宅地になり大きく変わったが、車で周辺を走った限りでは、平坦な土地がかなり先まで広がっていて、かつては優良な耕作地帯だったと想像する。布教村の中心となる伝道所の規模は、今日見ることのできる三倍ほどの面積を持っていた。教会の南側には当時からの噴水のある緑の芝地があり、その脇を道路が走っている。先の配置図を見る限り道幅こそ広くなったが、その原形をとどめている。今はその道に沿って鉄路があり、時折長蛇の貨物列車が轟音を立てて走る。近くに踏切があり、貨物列車が通るとその鐘が鳴り続ける。ミサへの参列者はその貨物列車のけたたましい警笛と轟音に気をとられ、神との交歓に茶々を入れられることになるのだが、それでも、サン・ガブリエルの教会が無視されたり、放棄されることはなかった。私が訪れたのは土曜日の午前中のことだったが、ロサンゼルス在住の韓国人カップルの結婚式がこれから行われようとしていて、お二人はもちろん参加者はドレスアップして集まってきていた。その参加者の顔ぶれを見ても多彩で、アジア系、アフリカ系、ヒスパニック系、もちろんヨーロッパ系と様々。近年、ロサンゼルスでは白人の住民比率が、移住してきた他のどの有色系アメリカ人よりも低くなったと報じられていたが、セッラ神父はじめ当時の修道士の誰が、それを想像しただろうか。

今日のロサンゼルスの中心部には、かつて、エル・プエブロ・デ・ヌエストラ・セニョーラ・ラ・レイナ・デ・ロス・アンヘルス・デル・リオ・デ・ポルシウンクラ（ポルシウンクラ川の天使たちの女王、聖母マリアの村）呼ばれていたメキシコ人の集落があった。そのために、それを縮めて英語読みでロサンゼルスと呼ばれるようになったのだが、一九〇〇年には一〇万ほどの人口を擁していたロサンゼルスは、一九六〇年代には二五〇万に届こうとしていた。二〇一四年の時点で、ロサンゼルスの人口は三八〇万ほどで、その三八〇万が東京都の半分ほどの土地に住んでいる。東海岸のニューヨークに対峙するように西海岸のロサンゼルスは全米第二位の都市に成長した。

アメリカ領土になる前の広い意味でのロサンゼルスは、他の布教村同様、農業や牧畜が産業の中心だった。ところが、カリフォルニアがアメリカに編入されてまもなく、この地は鉱山主にとって魅力的な土地となった。一八四八年にはサン・フランシスコで金が発見され、ゴールドラッシュに沸いた。さらにその世紀末には油田開発が各地で活発になり、ロサンゼルスでも石油が噴き出した。ハリウッドの南、ミッド・ウイッシャーのラ・ブレア・タール・ピット（天然アスフォルトの池）の周辺にはかつて、石油の採掘櫓が林立していた。油田開発を契機にロサンゼルスは産業構造を大きく転換し、石油化学はもちろん工業を主体とした町に変わって行く。それでも、人口一〇万を支える食糧供給地がすでにその傍にあったことを無視するわけにはゆかない。

石油化学がロサンゼルスの基幹産業になったことで、当時アメリカ合衆国で最も関心事であった鉄道事業はカリフォルニアではその勢いをそがれ、自動車がカリフォルニアの関心事になっていた。そのためにカリフォルニアでは鉄路より車道が優先され、自動車産業の発展に寄与することになる。また、第一次大戦はロサンゼルスに航空産業を根付かせ、ダグラス社、エアクラフト社、ロッキード社を育てることになった。その他、カリフォルニアの乾燥した気候がハリウッドの映画産業を引き寄せた。こうした映画産業から派生してアミューズメント・パークがロサンゼルスの新たなる産業を生み出した。ディズニー・リゾート、ナッツ・ベリー・ファーム、ユニバーサル・スタジオ・ハリウッドなどのテーマ・パークが、世界から多くの観光客を引きつけている。

今日のロサンゼルスを説明することは容易ではない。今から一五〇年ほど前の風景から、誰がこのロサンゼルスを想像することができただろうか。オロ（金）やプラタ（銀）ばかりに気を取られたスペイン人征服者たちは、残念ながらオイル（金の水）という価値に気がついていなかった。すでにヨーロッパでは産業革命のリズミカルな機械音が響いていたのにだ。

さて、エル・カミノ・レアルをさらに進むと、サン・ガブリエル・アルカンヘルから北西に二五キロほど、ロスアンゼルス郡内に、セッラ神父没後の一七九七年に設立されたサン・フェルナンド・レイの布教村がある。今では農地はなくロサンゼルスの静かなベット・タウンとなっている。こじんまりした町だ。水に恵まれた地帯のようで、再建された歴史的な建造物、伝道所の前に大きな庭園があり、そこにある噴水が勢いよく水を噴き上げていた。ここは次のサン・ブエナベントゥーラの布教村の中間地点と言うよりサン・ガブリエルに近い。次のサン・ブエナベントゥーラまでは六〇キロほどの距離がある。耕作地として恵まれた土地だったために、ここが選ばれたのだと推測する。

サン・ブエナベントゥーラの布教村（口絵参照）

カリフォルニア半島のイエズス会士追放の任務を授かっていた監察長官ホセ・デ・ガルベスが、一七六八年七月六日にカリフォルニア半島南端に着いた

美しいサン・フェルナンド・レイの伝道所と噴水

かつてのエル・カミノ・レアルはロサンゼルスのビジネス街を突き抜ける

ことは先述のとおりである。このガルベスの派遣目的は単にカリフォルニア半島からイエズス会士を追放して布教村を視察するだけでなく、一世紀半ほど前にセバスティアン・ビスカイーノによってすでに登記されていた北緯三六度三六分にあるモントレイ港を海上から確認し、そこに入植するか、少なくともその手前のサン・ディエゴ港に入植するというものだった。

この監察長官ガルベスはこの時すでにセッラ神父に書簡を送っていて、その探検に同意を求め、同行する修道士の選抜を依頼していた。セッラ神父もそれに賛同したのだが、この時すでに、両者はカリフォルニアの地に三つの布教村の設置を決定していた。一つはサン・ディエゴ港（北緯三二度四三分）に、もう一つはサン・カルロスの名前を持つモントレイ港（北緯三六度三六分）に、そして、残りがその二つの港の中間にあるサンタ・バーバラ海峡のサン・ブエナベントゥーラ（北緯三四度一六分）だった。この三つはビスカイーノの時代（一六〇〇年代）からスペイン人によく知られていた場所だったようだ。

このサン・ブエナベントゥーラの地が選ばれることになった理由は、前述のようにサン・ディエゴ港とモントレイ港との中間地点であるということと深く関係があるが、それだけではなかった。実はこのブエナベントゥーラ沖には船が停泊できるような湾はなく、先の二つに比べて取り立てて条件が良いようには見えない。ではなぜなのか。

その訳はサンタ・バーバラ海峡だった。セッラ神父没後、一七八六年にサンタ・バーバラ（北緯三五度三〇分）に布教村に併せて要塞が建設されることになるのだが、それはこの地帯が沖に浮かぶ三つの島、サンタ・クルス、サンタ・ロサ、サン・ミゲルに挟まれた海峡になっていて、その三つの島が広い太平洋の防波堤の役割をしていたからだ。サンタ・バーバラ海峡は帆船が停泊できる波穏やかな湾のような海域だった。そのことに気がついたのは、サンタ・バーバラの伝道所を訪ねた折り、波穏やかな海水浴

サンタ・クララ川からの灌漑で伝道所と耕作地に豊富な水を引いていた

場で有名なサンタ・バーバラの浜辺に立って太平洋を眺望していた時だった。沖に山のようなものがかすんだ空の中に見えていた。地図で見る限り、海岸線から五〇キロも離れたところに浮かぶその三つの島が、それまで波よけの役目をしていることなどはまったく気がつかなかったのだ。

　さらに、セッラ神父がこの地に執着したのは、この土地に住むチュマッシュと呼ばれる原住民だった。彼らは水漏れしないイグサのバスケットを作る技術をもっていて、それで丈夫でしかも大きなカヌーを建造して、かなり沖合までこぎ出して漁をしていた。こうした能力を持った彼らは、伝道所建設でもその能力を発揮していた。彼らは性格が温厚で、しかもスペイン人に友好を示し、かなりの知性を持った意欲的な種族だった。セッラ神父は「魂の征服」の成果を大いに期待できると踏んでいたのだ。

　さて、早期から注目されていたこのサン・ブエナベントゥーラの布教村建設は、その後、南のサン・ガブリエル（ロサンゼルス）や北のサン・ルイス・オビスポ、サン・フランシスコの布教村建設が先行したことで、セッラ神父が手がけた九つめで最後の布教村となってしまった。

　その布教村の土地はサンタ・クララ川が太平洋に流れ込む辺りに決められ、一

原住民はタールを塗って水もれのしない
イグサのバスケットを作っていた

伝道所内にはオリーブの搾油機があった

七八二年三月三十一日に設置された。最初の伝道所は木造に草葺き屋根の簡素なものだったが、火事で焼失してしまう。一七九二年にタイルや石、瓦を使った方形の本格的な伝道所の建設が始まり、一八〇九年に落成式を迎えている。完成を喜ぶのもつかの間、一八一二年に大地震がこの地を直撃し、一時、使用不能になるが、その後、三ヶ月ほどで再建を果たした。パティオ（中庭）を囲んで建物が建てられ、防備のために伝道所の入り口は、一つか二つで、夜には鍵がかけられていた。教会はその四角い敷地の西の一角にあり、最も高くて大きな部分を占めている。パティオに面してたくさんの部屋があり、修道士のための二つの独居房、作業場、台所、食糧倉庫、それから事務所があった。その方形の建物の北に沿ってあるいくつかの部屋は、台所や機織りで働く原住民の未婚女性が住む部屋になっていた。また、今日では教会の管理事務所になっている教会の壁の西側に、布教村住民の墓地があった。これが伝道所の敷地だったが、その外部には村人の住む小屋や大きな仕事場の小屋が囲むようにしてあり、その側にため池や果樹園があって幾種もの果樹が植えられていた。そして、さらにその側には広大な農地が広がっていた。

一八一六年にはこの布教村は繁栄の頂点に達し、村には一三二八人が生活していたという。サンタ・クララ川を水源とする灌漑施設は、一一キロの水路を掘削して伝道所裏の高台の貯水池に水を供給し、村や乾燥した耕作地を潤していた。そうした素晴らしい灌漑施設のおかげで、外来の果実、薬草、野菜の栽

再建された教会内陣

噴水のある美しい中庭

培でこの町が有名になった。その灌漑施設の名残が、教会前の噴水のあるプロムナードに見られる。噴水から流れ出た水は細い水路で太平洋に向かって流れ下って行く。海側にＵＳハイウエイ一〇一号線の橋桁が太平洋とその先の空を遮っているのは何とも残念だが、かつては教会から直接、海が見渡せていた。

*

十月のある日、ベンチューラ市（かつてのサン・ブエナベントゥーラ）郊外の晴天の空のもとに広がるイチゴ畑で、メキシコからの季節労働者たちが列になってイチゴを摘み取っていた。遠くに見える山の麓まで続くそのイチゴ畑で、アリ粒ほどに見える彼らがそのイチゴを摘み取り終えるのに、どれほどの日数がかかるか想像も付かないその広さに私は驚いた。フランシスコ会の、アントニオ・パテルナ神父とアントニオ・クルサド神父の理想郷建設の夢のかけらを見る思いだ。

二〇一四年現在、ベンチューラ市の人口は一〇万人を超えたが、一九二〇年の時点ではようやく四〇〇〇人を超えるほどの過疎地だった。何度も触れてきたが、一八二一年、メキシコがスペインから独立した時、メキシコ政府は、最早、カリフォルニアを支えるだけの資金を持ち合わせておらず、布教村支援を断念する以外にその方策が見つからなかった。そのために一八三四年、メキシコ政府は布教村の世俗化法を発布した。この法案は布教村を修道会から切り離

ベンチュール市の目抜き通り

して、原住民に与えるという法律だった。言い換えれば、もし、原住民がその土地に住むことを望まなければ、それを欲しい者に売ることもできるというものだった。

修道士たちはゴルダ山脈がそうであったように、いずれ布教村の運営が軌道に乗ればそこを離れて未知の土地に移動し、新しい布教村を建設しなければならないことを知っていたし、また、村人がその布教村を運営して行くのに十分な訓練を積んでいると確信していた。しかしながらその時、カリフォルニアの原住民は、この巨大化した布教村を自分たちで運営するに足る十分な用意ができていなかったのだ。

一八四一年にサンタ・バーバラ地区の行政官だったフアン・バウティスタ・アルバラードが、サン・ミゲル農場（サン・ブエナベントゥーラ内のアシェンダ）をフェリペ・ロレンサーナとレイモンド・オリバスにサンタ・バーバラ要塞警護の報償として与えている。後にオリバスはそこにアドベの家を建てたのだが、その建物はオリバス・アドベとして今も歴史的建造物として残されている。

一八四八年、アメリカの領土となったベンチューラは南北戦争以降、東部から多くのアメリカ人入植を許すことになる。彼らはこの布教村に住んでいたメキシコ人から土地を買ったり、あるいは不法に定住したりしてベンチューラに留まったのだが、その中の一人、鉄道王トマス・スコットはここに広大な土地を取得していた。彼は自分の部下トマス・バードにその土地の管理を任せていたが、そのバートは一九一九年にはベンチューラ油田会社を立ち上げ、日産九万バーレルの石油を生産していた。

いっぽう農業部門では柑橘類の生産が活発になり、日本でもカリフォルニア・オレンジとして有名なサンキスト・グロワーズ協同組合を立ち上げ、大規模農場経営に乗り出していた。

そうした経済に支えられ、ベンチューラ市には一九世紀末から二〇世紀初頭に建てられた優雅な建築物が伝道所周辺やメイン・ストリートに残されている。伝道所の教会前、フィグエロア通りに面したもののうち、一八九七年に建てられたアン王女時代の建物を模したニック・ペイラノ家、それから一九一二年に建てられたビクトリア朝風の二階建てのカルロ・ハボン家、一九〇三年建造のビクトリア朝風のジョン・ラブ家、一九〇二年完成のアン王女時代風のウイリアム・エルウエル家の屋敷などがある。

こうした木造のきわめて優雅な建物とは対照的な煉瓦造りの古い建物も残されている。一九一五年のベンチューラ銀行の建物がある。この建物の二階の一室に、多くのペリー・メイソンのミステリー小説を書いた作家アルレ・スタンレイ・ガードナーの法律事務所があったという。

1912年建造のカルロ・ハボン家

それから一九二四年に建てられたイタリア・ルネッサンス・リバイバルのイタリー銀行がある。かつては内装の梁や軒蛇腹に金箔が施されていて、豪華を極めていたらしい。しかし、改築に伴って、今日では見ることができないのはなんとも残念だ。煉瓦造りの建物と言えば、伝道所向かいのペイラノ・マーケットの建物を紹介しなければならない。この建物はイタリア人アレックス・ガンドルフォによって一八七七年に建てられたイタリア・ルネッサンス風の建物で、ベンチューラ最初の煉瓦造りの商業用建築だそうだ。教会前のプロムナードに面したその煉瓦の壁は二〇世紀初頭まで、ビルボードとして使われていたそうで、今日でもその名残をそこに留めているのだが、この建物の下には八×九メ

イタリア風レンガ造りのマーケット。壁面には昔から広告があった

ートルの伝道所の洗い場があったのだという。

　ベンチューラで忘れてならない建物は市役所の建物である。一九一二年に建設された白亜の殿堂で、ネオ・クラシックの円柱、アーチ型の優雅な窓を持つ豪華な建物で、ベンチューラ市の誇りとしてカリフォルニアの太陽に光り輝いている。興味深いのは、正面玄関の庇とアーチ型の窓の頂点にフランシスコ会修道士の顔のレリーフが合わせて二四も見えることだ。プロテスタントが多かったアメリカ入植者のなかで、このベンチューラ市にはカソリックの信仰を持つイタリアからの入植者が多かったことが、前述の建物の名称やスタイルからも理解できるが、彼らがこの市役所を建てるときに、カリフォルニア州に布教村を立ち上げた修道士たちに敬意を表すことも忘れなかったのだ。市役所前にはベンチューラの設置者フニペロ・セッラ神父の銅像が建っている。この銅像は、もともとは彫刻家ジョン・パロウ－カンガスがセメントで造形したものを鋳型にして作られたものだという。

　このサン・ブエナベントゥーラからエル・カミノ・レアルをさらに五〇キロほど北西に向かうと一七八六年に設置されたサンタ・バーバラ、さらに五〇キロほど北西に進むと一八〇四年に設置されたサンタ・イネス、それから一七八七年のラ・ピューリッシマ・コンセプシオンの布教村がある。

　サンタ・バーバラにはセッラ神父没後に設置された四つ目の要塞があり、後にサンタ・バーバラ海峡地域の中心地となった。サンタ・イネスは二〇世紀初めに入植してきたスカンジナビア人によってソルバングという町が伝道所周辺に形成され、その町並みは軽井沢のような風光明媚な観光地になっている。この町にはたくさんのワイナリーがあり、週末にはそれを目当てに大勢の観光客であふれかえる。いっぽう、ラ・ピューリッシマ・コンセプシオンの布教村は、訪れる人こそ少ないが、今は州立歴史公園として伝道所が再建され、布教村での当時の村人の生活を忍ぶのに良い教材となっている。いずれの布教村もサン・ブエナベントゥーラとサン・ルイス・オビスポを繋ぐために設置されたが、他の地域に比べても距離が近い。それから察すると農業や牧畜に有効な土地だったためにこうしたロケーションが選ばれたのかもしれない。さて、次にサン・ルイス・オビスポを訪ねることにしよう。

サンタ・バーバラの伝道所

サンタ・イネスの伝道所

観光地となったソルバング（サンタ・イネス）

広大な敷地を持つ
ラ・ピューリッシマ・コンセプシオンの布教村

サン・ルイス・オビスポの布教村（口絵参照）

サン・ルイス・オビスポの布教村（北緯三五度一六分）はサン・ブエナベントゥーラと次のサン・アントニオの布教村とのほぼ中間地点に当たり、エル・カミノ・レアルをサン・ディエゴからサン・フランシスコまで繋ぐために、どうしても必要な地点だった。そこに住む原住民チュマーシュ族は、隔離されたような盆地でバッファローなどの動物を捕獲して生活していた。一七六九年九月、モントレイ発見を目指して陸路を北進していたガスパール・デ・ポルトラ率いる探検隊は、そのバッファローが草を食むその地に、小麦のための肥沃な土地と住まうのに良い形の場所を見つけ、同行していたクレスピ神父がそこを記録にとどめていた。

それから三年後の一七七二年夏、セッラ神父が入植していたモントレイで深刻な食糧不足が起きていた。小麦やトウモロコシを収穫するにはしばらく時間が必要だったモントレイの布教村では、差し迫る飢餓を何とか回避する方法が話し合われていた。そんな時、クレスピ神父が思い出したのは、チュマーシュ族の住む、後にサン・ルイス・オビスポとなるこの盆地だった。モントレイ要塞司令官ペドロ・ファヘスは早速、狩りのために兵を向かわせた。

このサン・ルイス・オビスポの土地は、バッファローの生息するところだったが、同時に粗暴なクマがかなりいて、あちこちにその爪痕を残していた。その土地に住まうチュマーシュ族はそのクマを恐れていたが、兵士たちがそのクマ退治に一役買い、さらにその肉を分け与えたことで、徐々に原住民の信

郵 便 は が き

料金受取人払郵便

神田局
承認

1686

差出有効期限
平成28年10月
19日まで

101-8791

504

東京都千代田区
猿楽町2-5-9
青野ビル

㈱未知谷 行

ふりがな	年齢
ご芳名	
E-mail	男 女

ご住所 〒　　　Tel. - -

ご職業	ご購読新聞・雑誌

愛読者カード

ご購読ありがとうございます。誠にお手数とは存じますが、アンケートにご協力下さい。貴方様の貴重なご意見ご感想を賜わり、今後の出版活動の資料として活用させて頂きます。

本書の書名

お買い上げ書店名

●本書の刊行をどのようにしてお知りになりましたか？

書店で見て　　広告を見て　　書評を見て　　知人の紹介　　その他

●本書についてのご感想をお聞かせ下さい。

●ご希望の方には新刊書のご案内をさせて頂きます。　　要　　不要

通信欄（ご注文も承ります）

頼を得、友好関係を築くことができたのだという。

それからすぐのことだった。原住民の反応に気をよくしたセッラ神父はサン・ルイス・オビスポの布教村建設を決め、サン・ディエゴに行く途中の一七七二年九月一日、そこで鍬入れ式を行った。セッラ神父はすぐに大きな十字架を作り、それを立てて祈った。そして、建物の配置を決め、小枝で作った凱旋門の下でミサを捧げた。翌九月二日、ホセ・カバジェール神父とドミンゴ・ジュンコサ神父に布教村の建設を頼み、慌ただしくそのサン・ルイス・オビスポを去り、サン・ディエゴへの旅を続けた。

何度も火災にみまわれ、瓦屋根に作りかえられた伝道所

この布教村建設を援助するために、セッラ神父と同行した司令官ペドロ・ファヘスはそこに二人のカリフォルニア半島からの改宗先住民、さらに警護のために隊長と四人の兵士を残すことにしたが、その後、そこに一〇人の兵士を常駐できるようにすると約束していた。神父の警護や布教村建設のための工兵が極端に少ないのは、食糧節約のためで、当面の食糧として神父と五人の兵士、それに先の二人の改宗先住民に、二五キロの小麦粉、三袋の小麦、そして、布教村の新住民となる原住民が植え付ける種麦を買うための黒砂糖の大箱一個をそこに置いていったにすぎなかった。セッラ神父は、農地開拓に必要な基本的な物をそこに残すと、この布教村への神の加護を信じて旅立った。このようにサン・ルイス・オビスポの布教村誕生は、あっけないものだった。

サン・ルイス・オビスポの伝道所は、四方を山に囲まれた盆地に位置する平たい丘のようなところにあり、見晴らしがよく、小麦栽培のための肥沃な土地が扇状地のような広がりを見せ、その裾野に向かって豊富な水をたたえた二つの小川がまるで灌漑施設のように這うように流れていて、豊穣をそこにもたらしていた。数年後には新信徒全員の生活を維持するためだけに留まらず、布教村内にいる人間すべてに供給することができ、加えて新信徒たちに着せるための衣服を買い求めることもできるほどだった。北西三〇キロほどの所には海があり、海岸線に住むオソス族が、舟を使って滋養たっぷりの魚の漁をしていて、物々交換で食生活を豊にする役目を担っていた。このようにサン・ルイス・オビスポは布教村として理想的な土地だった。

ところが、この土地は丘に沿って吹き降ろす風が厄介な問題を引き起こす土地でもあった。つまりサン・ルイス・オビスポは大火の起きやすい地形だったのだ。セッラ神父が生きている間だけでも、三度も火災に見舞われた。一度は原住民が放った一本の火矢で屋根の麦わらに火がつき教会が全焼してしまった。二回目はクリスマスの日で、ろうそくの火が何かに引火して、気が付かないうちに火が燃え広がっていた。ミサに参列していた人々がとっさに水をかけたことですぐに収まった。そして、最後は、無残にも猛火が布教村を嘗め尽くし、大変な被害を被った。単なる不注意によるものか、あるいは、悪意によるものか分からなかった。似たような火災を避けるために、修道士たちは瓦の屋根を考えだし、伝道所内の一つの建物に試験的に取り入れた。というのも、それまで誰もその瓦の作り方を知らなかったからだ。その後、建物は火災からは強くなった。その丈夫な瓦屋根は食糧を保存することにも貢献した。この瓦屋根はその後、他の布教村でも取り入れられ、大いに貢献することになったのだという。

＊

すり鉢状の町の規模は思ったほど広くない。人口は四万五千人ほどで、南北に一四ブロック、東西に

鮭の遡上する川にクマが集まって来ていた

布教村は美しい街路の町に生まれかわった

一〇ブロックほどの小さな町だ。台湾出身だというモーテルの女主人が言うには、伝道所（ミッション）を訪ねるなら、モーテルに車をおいて徒歩で訪ねた方が便利だと教えてくれたので、カメラを担いで出かけることにした。この町のメイン・ストリート、モントレイ通りを南下して、道に迷うことなく目的地に着いた。今は歴史公園になっていて、きれいに整備されている。伝道所前のアプローチには水辺で熊と戯れる子供のブロンズのモニュメントがあり、パロウ神父が記しているとおり、この地が熊の生息地だったことを語っている。たぶん、太平洋に流れ込む川に遡上する鮭を狙って、クマがよく集まる土地だったのではないかと想像する。クマと言えば、カリフォルニア州の州旗にクマがシンボルとして登場しているが、カリフォルニアの古都サン・ルイス・オビスポと何か関係があるかもしれない。

そのアプローチから見る伝道所は漆喰の白がまぶしかった。教会の建物に目を転じると、三つのアーチのある玄関部分と、その上の三つのベルが備えられた窓がコントラストを作っていて、きわめて端正なデザインだ。ここでもそれ以外の装飾は見られない。意識的に装飾が排除されたものだろうか。

この町はこの伝道所を中心に開けたのだが、二〇〇年も前の布教村の姿を想像することなどとうていできない。近代的な建物がきれいに区分けされた街路に沿って建ち並び、かつてここに広い耕作地があり、そこで畑仕事をする村人の声や牛や馬、羊の鳴き声が聞こえていたとはどうしても思えなかった。

この町で一番古い建物、伝道所の教会とその一連の建物に取り囲まれた真四角の中庭は、今ではすっかり改修されていて、昔を偲ぶというわけにはいかない。きれいに整備されたその中庭は、その半分ほどが駐車場になっていて、木立の向こうに赤や白の車体が見え隠れしている。興ざめである。町としては大切な観光資源なのだが、長い間放置され無視されてきた物をどう繕ってみても元に戻ることなどできない。スペイン人修道士たちの農業を基盤とした理想郷建設の夢の中で育まれてきたこの布教村は、現在、金融、保険、不動産業、サービス業がメインの産業で、住民の九〇パーセントはサービス業に従事しているという。それでも人々の暮らしに大都会のような殺伐としたものが何もないのは救われる。

この町の人々の気質が現れている二つの政令を紹介しよう。一つは一九九〇年の公共施設での禁煙法である。現在でこそ世界基準になっているが、この禁煙法は世界に先駆けての法律だという。もう一つが、一九八二年のドライブ・スルーの禁止法案で、そのためにサン・ルイス・オビスポのマクドナルドが閉店に追い込まれたという。後者の法案は、人間関係が希薄になるこうした商取引への警鐘だったのだが、それが市民に支持されたのだ。このサン・ルイス・オビスポでは、木曜の夕方六時から九時まで、市内の中心部でファーマーズ・マーケットが開かれている。近郊の農家が産物を持って集まってくるのだが、売り手も買い手もその会話を楽しむばかりでなく、ライブ・コンサートや大道

サン・ルイス・オビスポ博物館

朝からコーヒーショップは賑わいを見せている

芸人がその賑わいに花を添えている。禁煙法にしろこのドライ・ブスルー禁止法にしろ、市民同士の気遣いを大切にする風土がここには根付いているのだ。

この町の歴史的地域、伝道所の建物の背後に一九〇五年にアンドリュー・カーネギーの資金援助で建てられた図書館がある。ロマネスク風のこの華麗な建物は、現在はサン・ルイス・オビスポ歴史博物館になっている。

さて、USハイウェイ一〇一号線に乗ってこのサン・ルイス・オビスポの布教村をさらに五〇キロほど北上すると、サン・アントニオの布教村との中間地点に、一七九七年に建設されたサン・ミゲルの布教村がある。伝道所はこんもりした丘の麓にあった。目の前を列車がめったに通ることのない鉄路が走り、その先に畑が広がっている。周辺の民家の数も少なく、今は訪ねる人もまばらな寂しい僧院なのだが、古い備品がたくさん残されていて、当時を偲ぶのにうってつけの伝道所である。

サン・アントニオ・デ・パドゥアの布教村（口絵参照）

サン・アントニオの布教村の適地を見つけたのは、セッラ神父がモントレイからカーメル川沿いの土地に布教村を移すために、木材を求めて山岳地帯に分

貴重な収蔵物のあるサン・ミゲルの伝道所博物館

け入った時のことだった。モントレイから南東に一四〇キロほど進んだところで樫の木の群生した渓谷を見つけ、木を切り倒してそこから川で新布教村建設地まで運ぶことにしたのだった。その探検の最中、その渓谷の南に緑豊かで広大な平原を見つけた。同行した修道士たちは早速にそこにサン・アントニオの布教村建設を決め、登記していた。そこにはもう一つの川（サン・アントニオ川）があり、耕作するにも牧草地としても大変魅力的な土地だった。カリフォルニアにおいて水不足となる七月であっても、川から水を汲むことができることや、その肥沃な土地は、原住民を農耕に導くのに難儀でないと思われたし、原住民が定住するのにも便利なところだと直感したのだった。

セッラ神父はそこにロバの荷を降ろさせると、一本の立派な木の枝に鐘を吊るすように召使いに頼んだ。そして、おおざっぱに配置を決めるとすぐに、先の鐘を何度も連打して神の許しを求め、まるで狂気した者のごとく大声でこう叫んだのだ。

「さあ、異端者（インディオ）たち、来たれ来たれ、この聖なる教会に、来たれ来たれ、イエス・キリストの信仰を受け入れるために来たれ来たれ」

サン・アントニオの布教村の責任者に指名されていた修道士の一人ミゲル・ピエラス神父がその様子を見て、セッラ神父に次のように尋ねた。

「神父、ここには広い土地以外になにもありませんよ。この近辺に改宗するべき異端者がまったく見当たらないのに、鐘を打ち鳴らすなんて無駄なことではありませんか。教えてください、なぜそうしたんですか。神父」

「まずはその心を開きなさい。今はこの山里に生きる全異端者がかすかに聞きとることができるほどの鐘の響きかもしれないが、聖母マリアが望んでおられたように、私もこの鐘の音が世界に響き渡るこ

南に広大な耕作地を有するサン・アントニオの布教村

セッラ神父とサン・アントニオの伝道所

とを強く望んでいるからですよ」

すぐに、大きな一本の十字架を設置して祝福し、礼拝を済ませた後、同じその場所に、スペインの旗を結わえた。木の枝で屋根を作り、そしてその下に簡単な祭壇が置かれた。

一七七一年七月十四日、その布教村の守護聖人サン・アントニオに対して最初のミサをセッラ神父が執り行っていた。鐘の音に引き付けられたのか、あるいは好奇心からか、一人の原住民がこのミサを遠目に見ているのに、セッラ神父は気が付いていた。彼はその男が山に引き返すのに気づいたが、喜びを隠しながらも、説教の中でそのことに触れ、次のように話した。

「神よ、そして、守護聖人サン・アントニオよ、この布教村が多くのキリスト教徒が集う大きな村になることを、そして、我々がこれまでに設立してきた布教村のなかでも、最も素晴らしい布教村になることを期待します。この最初のミサで、インディオの初めての参加者を得ました。まだ見ぬもっと多くのインディオに、彼が我々の信仰について伝えるきっかけになるものと期待するものです」

その同じ日のことだった。その原住民は新しい人を連れてきていた。多くの原住民が一所に集まったところで、身振り手振りで我々はここに定住し、この土地に住もうとしていると言って、彼らに理解させようとした。後から後から訪ねてくる者たちが土産を携えてきたが、彼らが持ってくる物を見ると、松の実と炒ったどんぐり、そして、保存用に挽かれた粉や山に自生する果実などで、この土地で十分にそれらが収穫できることを知った。セッラ神父はガラス玉のネックレスをお返しにあげていた。それに加えて自分たちの食糧であるトウモロコシとフリホール（豆）を分け与えた。

さっそく、スペイン人たちは小さな教会と兵舎、神父とその召使いが住む木造の小屋を建設する準備に取りかかり、防衛のために囲いを設けることにし、そこを隊長と六人の兵士で警護することにした。

そうした彼らの行動は、早速、原住民たちの注目を浴びることになったのだが、セッラ神父は、「郷に入っては郷に従え」と原住民の子供たちを取り込んで彼らの言葉を学び取るようにと、そこに着任することになるミゲル・ピエラス神父とブエナベントゥーラ・シティハール神父に言い含めていた。その二人にすべてを任せてセッラ神父はモントレイの布教村に戻っていった。それは最初のミサから一五日後のことだった。

それから二年が過ぎていたが、このサン・アントニオの布教村には一五八人の新信徒が住んでいた。その中に、後にアグレダという洗礼名を持つことになる、見かけでは一〇〇年も生きているように見える老婆が、神父たちに洗礼を乞うたことがあった。神父たちは、キリスト教徒になりたいというその理由を質問してみた。老婆はそれに応えて次のように言った。

「はぁ、もう短い命であすから……」

そして老婆は次のように付け加えた。

「まだわしが小さなわらしだった頃、お坊さん方が着ているのと同じ服を着ていた男が、この土地に来たという話を聞いたことがありますだぁ。その男は土の上を裸足で歩くことも、走りもしなかったそうだが、今お坊さん方が私らに話しているようなことをしゃべっていたそうだぁ。そして、最後には決まったように信徒になるように強制させせられてなぁ、しぶしぶ同意していたんだそうだぁ」

伝道所の全景

その老婆の話を神父たちは信用しなかったが、改宗に応じた布教村の村人は異口同音に「過去にあった話でその話は昔から語り継がれていて、このあたりでよく知られた伝説だ」と語っていた。もしそれが真実とすれば、一六〇二年、先のビスカイーノ探検隊と同行した神父がモントレイ探検のために訪れた時の話だったかもしれない。

このサン・アントニオの布教村はサンタ・ルシア山脈の中心に位置している。太平洋の海岸線から四五キロほどの距離で、浜には山越えの険しい道によってつながっていた。そこは北緯三六度五分の位置にあり、モントレイ港からは一四〇キロの距離にある。その土地は松の巨木がかなり広く群生する土地で、そのために松材を十分に用意することができた。ところがそのことは原住民の自然の恵みを損なう原因となった。樫の群落と同じくこの松は、原住民に豊富な木の実を提供していたからだ。

彼らはそれを日にさらして乾燥した後に、食用として保存していた。それでミルク粥を作り、パンのような物を作っていた。草原からは薬草や食用となる草花が豊富に手に入り、そこではまた、ウサギやシカが育まれていて、彼らにその肉をもたらしていた。

夏期の天気は総じて熱く、冬には凍てつく寒さに襲われた。布教村の家々の庭先に一年を通して水が流れていたが、その水路が凍って、陽が上って氷を溶かすまで水が流れなかったほどだった。

一七八〇年の春に起きた凍結は強烈だった。大規模な小麦畑が、全部、穂花の状態で全滅し、まるで刈込みの終わった畑のようになっていた。この天災は村民と神父たちの大きな悲嘆となった。この布教村では災害による食糧不足を考慮してかなりの量の食糧を保存していたが、不安を感じた村民は昔のように近隣の山に自然の恵みを探しに出かけていた。

神父たちは、守護聖人サン・アントニオに庇護を求め、大勢の村民を集めて祈っていた。そして、完全に乾いて地割れしているトウモロコシと小麦畑に灌漑用水を解放するように指示した。すると二、三日する内に、小麦の根がよみがえり、新しい芽が出てくるのに気が付いた。それから五〇日後、すでに、小麦は乾燥し始めた時のような高さに成長し、穂花が膨らんでいた。例年とほぼ同じ時期に実り、熟して、結果的にかなりの増産となり、その粒も充実していて大きかった。それは、奇跡だった。主が奇跡を起こしたのだと神父たちは疑わなかった。この奇跡譚は、村外の原住民を布教村に引きつけることにつながり、後に多くの信者を獲得することにつながったのだった。セッラ神父が生涯を閉じることになる一七八四年までに、このサン・アントニオの布教村では一八〇四名の信者を獲得していた。

＊

セッラ神父が木材を運び出したというサンタ・ルシア山脈をモントレイのサン・カルロスの布教村から車で南下したのだったが、修道士たちが残した記録のように、道はつづら折りの坂を上ったり下ったりを繰り返す。途中、ガス・ステーションで給油をしたときに、この土地の紳士に、迂回してUSハイウエイ一〇一号線を行くといいよと教わったのに、レンタカー二日目でハイウエイ恐怖症になっていた私は、地図で見ると最短距離に見えたカウンティ・ハイウエイG一六号線を選んだのだった。その紳士が言うには、この先は道が細くなるよと、教えてくれた通り、すれ違う車もないような山道だったが、木陰に入ると涼しく、私には快適なドライブとなった。そしてあの時代、この山道をセッラ神父や若い修道士たちが徒歩で行き交っていたのかと感慨にふけっていた。道は舗装されていて道幅も広いから、私のようなドライブが得手ではない者でも、事故を起こす危険は全くないのだが、もし、ここでエンジン・トラブルに遭ったら、途方に暮れるだろうなと思ってハンドルを握っていた。図らずも、この細い道を選んだことで、カリフォルニアの奥の細道をたどるという経験をすることになった。

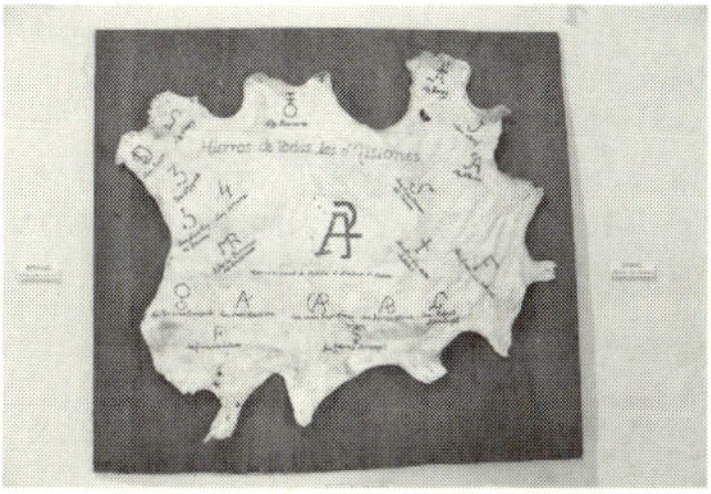
各布教村の家畜の所属を示すための印紋。
中央がサン・アントニオの印

その山道を越えるとなだらかな牧草地が続いていた。十月半ばを過ぎたばかりだというのに、牧草はすっかり秋の装いで、カリフォルニアは赤茶けていた。サン・アントニオの伝道所から南を望んでも、山や丘のようなものは遙か遠くに見えるだけだった。また、その先にはサン・アントニオ湖があり、その平野を潤しているようだ。だが、今日ではかつての布教村のほとんどを米軍のハンター・リジット駐留地が占領している。それは第二次世界大戦からのことで、その広さは六万六千ヘクタールに及ぶ広さだというから驚きだ。

糅しのための水路とタンクの遺跡

馬やロバによる穀物用のミル

大草原の中のサン・アントニオの布教村は、セッラ神父やスペイン人修道士によってカリフォルニア州に建設された布教村の規模を説明するのに、もっとも雄弁な数少ない場所だ。修道士たちがスペイン語でミシオン、つまり、伝道所と呼んでいるこうした場所が、単なる宗教的な伝道活動の拠点であるばかりでなく、近隣の集落、あるいは定住を好まない遊牧民を村の中に誘い込んで、農耕や牧畜を生活基盤とした村の典型的な見本である。石やアドベ、煉瓦によって築かれた教会や修道士の住居、作業場、兵舎、納屋などは、傷んではいるものの、その配置をそこに見ることができる。ただ、そこに生活していた改宗原住民（インディオ、あるいはインディアン）の居住の配置はどんなだったか、今は知ることができないのは残念だ。それは彼らの住居が、時とともに風化する木と草でできた質素な小屋だったからだ。

このサン・アントニオの教会の前に立ち、延々と続く、赤茶けたかつての耕作地を眺めながら、二〇〇年前の風景を想像してみた。しかし、パロウ神父が彼の著書に残した言葉からその映像を網膜に再現することはかなわなかった。古い時代に残されたイラストなどを見る限りでは、伝道所となった教会の建物周辺にわずかに村民の小屋が散らばっているのが見えるが、それがどれほどの範囲に及んでいたのかは分からない。というのも、前述の通り、一七八四年の時点で一八〇四名の洗礼者を抱えていたこの布教村の耕作地はサン・ディエゴの布教村の面積を凌ぐ広さで、そこに村人がどのように分布していたかまったく想像ができないのだ。

修道士たちは一人漏らさず村人の住民名簿を作っていて、ヨーロッパ的な住民管理のもと、布教村から修道士の許可なくして無断で外出することが許されなかったという。修道士たちの布教活動はキリスト教の教理に基づいた精神的な「魂の征服」の行為であるべきなのに、外敵防衛のために兵士数名が伝道所に常駐していて、銃を持った兵士たちが修道士の代わりに先住民を監視していた構図もそこに見えてくる。

メキシコ共和国統治時代の一八三四年、世俗化法の布告で修道士の手を離れた布教村は、その後、メキシコ政府からの援助を断たれたことで放置状態に置かれた。一八四八年にはアメリカの領土になるが、一八五一年にドロテオ・アンブリス神父が伝道所に住み始めて、教会の管理をしていたという。一八六一年、時のアメリカ合衆国大統領リンカーンが、カリフォルニアの伝道所に宗教施設としての資格と土地二二ヘクタールを与えたことで、伝道所は維持されることになったが、一九〇六年にカリフォルニアを襲った大地震で、伝道所の建物のほとんどを失ってしまったのだという。

牛脂からローソクを作る装置

女たちは機織の仕事を身につけた

遺跡からは銃も出土している

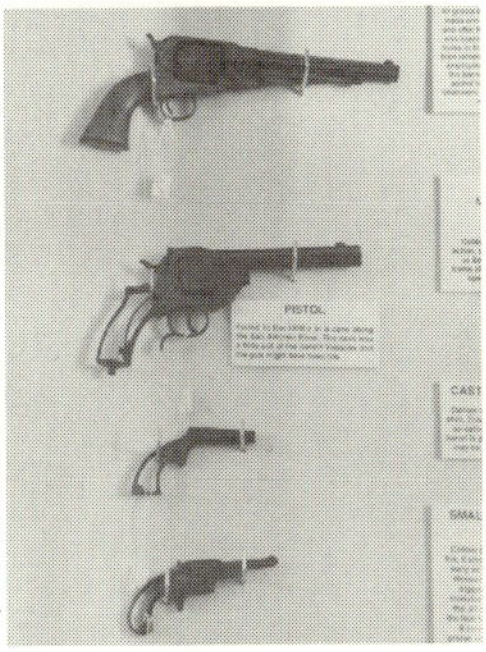

セッラ神父と
ヌエストラ・セニョーラ・デ・ソレダの伝道所

伝道所の周辺にはブロッコリー畑が広がる

現在の建物は、一九四八年から五一年にかけて古い史料を基に再建されたものだが、ほぼ当初のままのレイアウトを保っているきわめて貴重な伝道所である。

サン・アントニオの布教村を過ぎるとエル・カミノ・レアルは、ヌエストラ・セニョーラ・デ・ソレダ（悲しみの聖母）の布教村へと続く。この布教村は、セッラ神父没後の一七九七年に設置されたものだ。広大な耕作地のほぼ真ん中に位置し、その近くには川がある。私が訪ねた十月中旬には、河床がむき出しになっていて一滴の水も見ることがかなわなかったが、雨期には耕作地に豊作の恵みをもたらすだけでなく、時には、耕作地を飲み込むほどの大洪水を引き起こすやっかいな川なのだそうだ。遠く西と東に見える山脈の山肌は赤く、雨期の雨を保水する樹木がほとんど見られないから、その理由も納得できる。実はこのヌエストラ・セニョーラ・デ・ソレダの伝道所は一八二八年の大洪水で流され、崩壊したのだ。それもそのはずで、この伝道所は水にきわめて軟弱なアドベの建物だったからだ。

今は右を見ても左を見ても灌漑施設を施した耕作地が広がっていて、大型のトラクターが土煙をあげて野菜の植え付けの準備をしているいっぽうで、太いパイプの配水管が敷設された畑には青々としたブロッコリーの絨毯が続いている風景もある。スタインベックの「エデンの東」の舞台となったこの土地の、十九世紀末の貧しき農村風景は、今はない。
それではエル・カミノ・レアルをさらに北上し、モントレイに向かうことにする。

サン・カルロス・ボロメオ・デ・カルメロの布教村（口絵参照）

古地図や緯度の情報を持っていたのに、一七七〇年一月二十四日、聴聞長官ポルトラが率いる探検隊がモントレイを発見できずにサン・ディエゴに戻ってきたのは、その岬の地形にあった。そこにはサン・ディエゴやサン・フランシスコのような外洋の影響を受けにくい湾がなく、太平洋にわずかに突き出たその岬は、東側に波穏やかな長い砂浜を形成しているだけの、海が荒れれば船の避難場所などない地形だった。岬は小高い丘なっていて、そこは外洋を航海する船を監視するのに都合の良い立地であり、要塞を建設する理由となったことはうなずける。今日、港の桟橋は東の長い砂浜の中に作られているが、かつての船着き場は岬の根元にあり、そのすぐ南の丘に要塞があった。

港の位置を決めたその日に、そこに要塞を造ることを決定してサン・カルロスと名付け、そこを本陣と決めた。またそこに布教村が併設されることになった。後々には教会にするために、布教村の建物に連ねて囲いだけの礼拝堂を設置した。そこは今日ではサン・カルロス・カテドラルと呼ばれる大聖堂が立っている。神父たちの独居房の他に食糧庫、日用品倉庫、そしてそれらを守るための矢来場付の囲いを建物の両面に作った。

スペイン人たちがその岬でこうした作業をしているのに、それから数日間、近隣の原住民たちが姿を見せることはなかった。というのも、彼らを威嚇するような軍隊による大砲や銃の祝砲が頻繁にあったからで、それでも、少し時間が経ってから原住民たちが布教村に近づいてきていた。それはセッラ神父が彼らに頻繁に贈り物をしていたからだった。

当初、セッラ神父はこの要塞の近くに布教村を建設したが、後にそこから南に五キロほどのカーメル川（スペイン語ではカルメロ川）の辺に布教村を移している。それは一七七一年八月のことだった。その理由はモントレイが砂の町で、農業や牧畜をするのに必要とする広い土地と、灌漑のための水が絶対的に不足していると判断したからだった。というのも、スペインのインディアス法（植民地法）によれば、新しい布教村設置の条件として、国王に対する十分な贈り物がなければならないと規定されていたからだ。セッラ神父はそれを強く意識し、その周辺を探索してカーメル川沿いの沃野を見つけ、そこに新たに布教村の中心を設けることにしたのだった。

また、そうした土地で発見した多くの原住民も同じく国王に対する贈り物だったのだが、修道士たちは原野に自生する自然の果物を拾い啄む鳥のような生活をしている原住民に畑仕事を教え、自分の力で手に入れた収穫物を生活の糧にして、自分の時間を文明人のように畑を耕すことに費やすように仕向けることが、自分たちの使命と認識していた。その結果として持続的に食糧を手に入れることを可能にするためにも、自分達のような修道士が必要だと、セッラ神父は疑うことなどなかった。

セッラ神父の最初の仕事は大きな十字架を一本作ることだった。修道士によって祝福されたその十字架を兵士と召使いが手伝って立て、そして、羅針盤の示したエルサレムのある東に向けてその土地の中心に固定した。それから寒さをしのぐための小さな隠遁小屋と倉庫を造り、最後に教会を建てた。その中にメキシコ市から持ってきた祭壇や聖具や装飾を配した。さらに続けて兵士たちの住まう兵舎を建て

カーメル川のそばに新しい土地を見つけ、布教村をそこに移転した

北に突き出た岬の東に港を作った

長い砂浜を持つモントレイ湾

た。こうした細かい指示をしていたのは仕事の技術者であり監督だったセッラ神父だった。

布教村の建物があらかたそろうと、セッラ神父は彼の弟子フアン・クレスピ神父とともにモントレイ近郊に住む原住民の改宗に取り組んでいて、訪ねて行っては彼らに贈り物をし、なんとか布教村に引き寄せようとしていた。しかし、彼らの言語を理解できる者がいなかったために、大変な苦労を経験することになる。そうした状況はカリフォルニア半島から連れてきた一人の改宗先住民の少年がその扉を開けてくれるまで続いていた。その少年はセッラ神父がその品物を贈って原住民と交わそうとしている話の内容を原住民に理解させ、彼らの言語を正確に発音するように努めていた。ついには、その

少年の助けを借りて、原住民にスペイン風の生活とキリスト教による秩序ある社会、十字架の意味を知らせるためにこの土地に来たのだと話すことができるまでになっていた。

十字架と言えば、クレスピ神父はモントレイまでの陸路による探検の途中で、不思議な十字架を見たと彼の日記に書き付けている。

「約半レグア（三キロ）ほど歩いて、その日の一時に我々は北西部のプンタ・デ・ピノ（松の岬）と名付けられた場所に着いた。そこは最初の旅（ビスカイーノ探検）の記録で二つ目の十字架を建てたとされるところだった。荷を降ろす前に、聴聞長官、兵士、そして私は、海上からの探検隊がすでにそこに着いている印のようなものがないか調べるために、十字架を探しに行った。そこにはそれらしい十字架を発見できなかったのだが、それとは別に、地面に突き刺した矢や羽根飾りの付いた棒が取り囲んでいる奇妙な十字架があるのに気がついた。それは原住民がそうしたものだったのだが、数珠つなぎにされた生渇きのイワシが、十字架と一本の竿との間に吊るされてあった。十字架の足元にはシカか何かの肉片が置かれ、アサリの剥き殻が山積みにされていた。みんなはそれを見て感嘆の声を上げた。しかし、吊り下げられたイワシの意味はついぞわからなかった」

このクレスピ神父の見た不思議な十字架は、一世紀半前にビスカイーノ探検隊が残した十字架であったに違いない。長い年月の間に、それは原住民の信仰の対象となり、豊漁や厄除けを、十字架を通して彼らの神に祈っていたのではないだろうか。節分に戸口に柊とイワシをくくりつけて、邪鬼を追い払うという日本の風習に似ていておもしろい。

モントレイから移転したカーメル川沿いの伝道所脇にある墓地には、こんもりとした土葬の周りを縁取るように、アワビの貝殻が伏せておかれているのを見ることができる。螺鈿の材料として美しいアワ

閑散としたモントレイの町

土葬の遺体の周りにはアワビの貝殻がふせておかれている

ビ貝が死者への尊崇の念を表すために使われたものか、あるいは死者の魂が永遠であることを願ってそうしたものかは今となっては分からない。とは言え、原住民の埋葬の習慣を、修道士たちが認めた結果であったことは大変興味深い。

＊

二〇一四年現在、モントレイの人口は、カーメルの布教村辺りを含めて、わずかに三万を超える程度だという。普段、街を歩いていても、滅多に人にすれ違うことのない少々寂しい街である。でも、毎年九月に開催される「モントレイ・ジャズ・フェスティバル」では大勢のプレーヤとオーディアンスを引きつけて賑わいを見せる。一九五八年から毎年開かれている由緒ある祭典だ。

一八八〇年には、この風光明媚なモントレイの観光の足として、サザン・パシフィック・レイル・ロード会社が鉄路を引いたが、そのことでモントレイに住む住民を増やすことになったのだという。もともと、モントレイは漁業の町で、町人は細々と魚を捕って生活していたのだが、その鉄路は、このモントレイに観光客を引導するとともに内陸に魚肉や缶詰、サーディン・オイルを送り出す手段を提供したというのだ。

その鉄路に加えて、第一次大戦はモントレイを大きく変える転機となった。戦地の兵士の食糧としてイワシの缶詰の需要が高まったことで、缶詰の製法が機械化されて大量生産されるようになったからだ。たとえば、今まで人手に頼っていた船からのイワシの水揚げが、ベルト・コンベアーや吸引ホースを使って直接缶詰工場内に運ばれるようになり、生産効率を高めるのに役だったというのだ。一九一八年にはモントレイに一〇軒を超える缶詰工場が海岸線に沿って軒を連ねていて、そこはキャナリーロー（缶詰工場群）と呼ばれていた。スタインベックの「缶詰横町」に登場する所だ。鉄路こそ無いが、今日でもそこは一九二〇年代の雰囲気を残している。

モントレイで忘れてならないのは、水族館だ。一九三〇年代にモントレイ太平洋生物研究所のエドワード・リケッツと親交があったために、スタインベックは水族館の前身であるこの研究所を何度も訪ねている。一九八四年、もともと缶詰工場だった建物を改装して造られた。中でも海藻の森は有名で、九メートルを超えるジャイアント・ケルプとそこに生息する魚の生態を観察できる。水族館はかなり広く、一日をここで過ごしても飽きることはない。

こうした観光スポットの他に、モントレイ岬にはゴルフ場が数カ所あり、大人たちの娯楽の場にもなっている。かつては要塞として港の護りの重要なモントレイだったが、今はすっかりアメリカ人のリゾート地になっている。

いっぽう、モントレイ市内から五キロほど南のサン・カルロス・ボロメオ・デ・カルメロの布教村のあったところは、今日では高級住宅地になっている。そこはフランシスコ会サン・フェルナンド神学校のカリフォルニアにおける本部だったところで、南のサン・ディエゴから北のサン・フランシスコまでの布教村を主任神父セッラはここで統率していた。前に見てきたゴルダ山脈の布教村と比較しようもないが、布教村の重要なシンボルである教会建築のうちで、このサン・カルロスの教会が最も装飾的な教会正面を持っている。その中でも石積みの鐘楼とその上のドームの屋根、しゃれた星形の聖歌隊席の明かり採りの窓は印象的だ。それらはセッラ神父の死後、後を継いだラスエン神父が一七九七年に建てたものだが、当時の姿を今も残している唯一のものである。

その後、順調にこの教会が建て増しされて行く。一八二一年、メキシコはスペインから独立を果たすが、その時点から疫病を原因とした人口減少が始まり、修道士も要塞のあるモントレイに住むようになった。一八三四年にこの教会がフランシスコ修道会から世俗の司祭に移管されると、布教村はますます引力を失って村民は四散してしまい、教会や伝道所は廃墟の道をたどることになる。

フィッシャーマンズ・マーケット

広いサン・カルロス伝道所の中庭

再建されたドーム形の教会の内陣。ここにセッラ神父が眠っている

サン・カルロス周辺は高級住宅地

伝道所の背後は今はリゾート地として人々をひきつけている

追い打ちをかけるように一八四六年の米墨戦争で、勝利したアメリカ合衆国がカリフォルニアの地を支配するようになると、セッラ神父の築き上げようとした理想郷は、すっかり忘れ去られて瓦礫と化していた。ところが、一八八四年のフニペロ・セッラ神父逝去一〇〇周年が間近にせまった頃、カリフォルニアにとっての歴史的なランドマーク、伝道所の教会再建の機運が盛り上がったのだという。一八八二年、アンヘロ・カサノバ神父はじめ村人四〇〇人の見守る中、教会の床に埋められていたフアン・クレスピ、フリアン・ロペス、フェルミン・ラスエン、そして、フニペロ・セッラ神父の遺骸が確認されたのだという。

これまで、米国カリフォルニア州でいくつかの布教村の伝道所を見てきたが、要塞としての機能を意識して作られたもの、あるいは清楚こそがフランシスコ会の宗教信条とばかり、正面装飾を排したきわめて単純な教会の多いのに気がついた。

「セッラ神父が指導していたのに、装飾で満たされたあのハルパンのような教会がなぜ建てられなかったのか」私の中に疑問が募るばかりだ。

さて、モントレイを出たエル・カミノ・レアルは、ここから二手に分かれている。そのひとつはカリフォルニア・ステイト・ハイウエイ一号線をモントレイ湾に沿って五〇キロほど北上する道で、サンタ・クララの布教村との中間地

広大な敷地と耕作地を持つ
サン・フアン・バウティスタの布教村

サンタ・クルスの小さな伝道所

点の海沿いに、セッラ神父没後の一七九一年に設置された布教村サンタ・クルスに着く。今日では海洋リゾートとして知られている町だが、伝道所は太平洋を広く見渡せる高台にあった。概して山がちな地形で、残念なことに優良な広い耕作地があるわけではなく、発展を見込める土地には思えない。ほかの伝道所と比べても見劣りする小さなものだった。

もう一つのエル・カミノ・レアル、今日のUSハイウエイ一〇一号線は、スタインベックの誕生の地サリナスの近郊にある、サン・フアン・バウティスタの布教村に向かっている。この布教村は前述のサンタ・クルスの六年後に設置されたもので、前述のようにサンタ・クルスの布教村が不便であり、発展の可能性に乏しいと判断されたために、サン・フアン・バウティスタに新設を許したものと推測する。このサン・フアン・バウティスタの布教村は、伝道所を中心に町となり、今はのどかで瀟洒なアメリカの田舎町になっている。再建された広大な敷地を持つ伝道所は高台に鎮座し、広くて豊かな耕作地を東に見下ろしていた。私がこの街を訪ねた時、社会科見学のために訪ねてきていた小学生の集団に遭遇した。確かに、当時を忍ぶのに良い教材となる布教村である。エル・カミノ・レアルはここからさらに北上しサンタ・クララに向かう。

サンタ・クララの布教村（口絵参照）

モントレイ要塞司令官フェルナンド・リベラは、フランシスコ会の始祖サン・フランシスコのための二つの布教村の設置許可に関する副王の手紙をサン・ディエゴで受け取ると、一二兵とともに一七七六年九月、モントレイに着いていた。その司令官リベラは、一七七〇年のサン・フランシスコ湾発見後に修道士を派遣し、要塞と布教村の設置準備がすでにできているという話をセッラ神父から聞いて、現在進行中の土地登記の仕事を手伝うために、トマス・デ・ラ・ペニャ神父と一緒に、後にサン・ベルナルディーノと名付けることになる大きな平原に着いていた。

そこは水量の多い川が流れる巨大なカーペットのような平原で、至る所に泉が湧き出ていた。人が住むのにも耕作するのにも適したその土地は、そこにある貧しき小屋に住まう原住民や飛来する数万羽のカモにとって有益な土地だったが、リベラもペニャ神父も豊富な食糧生産の可能性を秘めたその土地に惚れ込んだのだった。さらにサン・ベルナルディーノ平原周辺には樫の鬱蒼とした森があり、布教村建設に木材を供給するのに好都合だった。好条件のその土地の話を聞きつけたセッラ神父はさっそくそこを訪ね、一七七〇年十一月二十六日、サンタ・クララ布教村設置を同意して一本の大きな十字架を立てた。

それから六年後の一七七七年一月六日、トーマス・デ・ペニャ神父はモントレイ要塞の司令官中尉と一緒に、多くの改宗先住民を引き連れてサンタ・クララ（フランシスコ会の女子修道会の創設者、キアラ）

巨大な十字架を前に建つサンタ・クララの教会

平原に着いていた。それはサン・フランシスコの布教村から南東八二キロにあり、すでに祝福された先の十字架が建てられていた。早速、小枝で簡単な凱旋門を作り、その下の祭壇で、ペニャ神父が最初のミサを捧げた。それは一月十二日のことだった。

まもなく近郊の原住民たちは布教村に姿を見せるようになった。原住民たちはサン・フランシスコ湾の人たちと同じ言葉と同じ習慣を持っていた。彼らは贈り物を持って頻繁に訪ねるようになり、その年（一七七七年）の五月に最初の洗礼を授けるまでになった。と言うのも、大きな疫病が幼児たちの間で流行っていて、治療のために神父たちが原住民の小屋まで出かけて行く機会が増え、そのついでに沢山の洗礼を授けることができたのだ。幼児の洗礼を達成したことで、神父たちは多くの幼児たちをプリミシア（洗礼を終えて死んだ幼児）として天国に送った。それを成就するためにも、神に捧げられた幼児の親や親類の改宗を成し遂げなければならなかった。セッラ神父が死去するまでの七年間で、この布教村だけで、六六九名の改宗を終えていた。

セッラ神父が自ら十字架の位置を決めた

現在では豪華な祭壇が設けられている

このようにこの布教村は、カリフォルニア全地域の中で、もっとも重要な地点のひとつとなっていて、サン・ベルナルディーノの巨大平原に幅二二キロ、奥行き一六〇キロを超える大耕作地が形成されていた。農耕のためのよい土地があり、小麦、トウモロコシ、そして種々の野菜をたくさん収穫することができた。新信者がそれで生活できただけでなく、修道士たちが原住民を引き付けるための贈り物ともなった。さらに、新信者に着せる衣服との交換用ともなり、要塞警護の軍隊に十分な食料を供給することもできた。水はグアダルーペ川やコヨーテ川からだけでなく豊富にあり、布教村の小屋から一、二キロほどの距離にある川では、秋から冬にかけて長さが五〇センチを超える鱒が手に入った。さらにはたくさんの泉があり、それを耕作地に導いて灌漑としていた。そこではヨーロッパから持ち込んだオレンジやイチジク、そしてウバに至るまで、果物が十分に成長していた。

*

前述のようにサンタ・クララの土地はサン・ベルナルディーノの平原に位置し、グアダルーペ川やコヨーテ川に恵まれた土地だったが、しかし、気候が一変すると川が氾濫し、耕作地に大変な被害をもたらす厄介な土地でもあった。さらに、地震が追い打ちをかけていた。カリフォルニアがアメリカに編入されるころには、他の伝道所同様、サンタ・クララの伝道所の建物は瓦礫のまま放置さ

伝道所の古いアドベの壁が残されている

伝道所の古い壁が再建された

れていた。しかし、このサンタ・クララでは果樹栽培が継続されていて、それが第二次大戦まで続いていたようだ。サンタ・クララが大きく変わるのは、インテル社やアップル社がこの地にIT革命をもたらす一九七〇年代からである。サンタ・クララ郡の一つ、一〇〇万都市サンノゼがシリコンバレーと呼ばれるようになって、サンタ・クララは果樹畑をその敷地として提供することになり、さらに、その従業員のための住宅地を提供することになった。そのためにサンタ・クララは二〇一四年現在、一〇万を超える人口を抱えるまでになった。

サンタ・クララの伝道所がサンタ・クララ大学のキャンパスになったのは一八五一年で、カリフォルニアで最も古い四年制の大学だという。実はこの大学の設立に関わったのはフランシスコ会ではなく学校教育に熱心だったイエズス会だった。カリフォルニアがスペインの統治下にあったとき、フランシスコ会のセッラ神父はイエズス会追放後の布教村管理のためにカリフォルニア半島に赴任し、後にサンタ・クララの布教村を建設したのだから、何とも皮肉なことだ。それでも大学の名称にフランシスコ会の聖人サンタ・クララの名が残されたことは、せめてもの慰めとなった。

今日サンタ・クララ大学構内に見る教会は一九六〇年代に古い史料を基に再建されたものだが、その周辺の伝道所のアドベの壁の一部は、往時のものが残されている。その美しいキャンパスに囲まれた清楚な教会の真正面には巨大な木の十字架が立っている。その十字架には風雪に耐えたという痕跡はなく、二

広いサン・カルロス伝道所の中に古い史料をもとに再建された教会

女子学生たちの寝そべるのどかなキャンパス

〇〇年以上も前の風格というものは見られないが、その位置は一七七〇年十一月二十六日にセッラ神父が立てた地点であることはほぼ間違いあるまい。というのも、十字架の位置は宗教的に重要な意味を持っていて、勝手に移動したり取り除いたりすることなどできないからだ。

若い学生たちが行き来するこのキャンパスから、家畜のいななきの聞こえるかつての長閑な農村風景を想像するのは難しい。過去にサン・ベルナルディーノと呼ばれた限りなく平坦なこの土地に立っても、広大な耕作地が広がっていたとはどうしても思えない。キャンパスの緑の芝生に寝そべって、レポートを書いている女子学生たちの弾む声を聞きながら、修道士たちの夢が、こういう形で実現するとは彼らも想像していなかっただろうなと考えていた。

始祖サン・フランシスコ（口絵参照）

セッラ神父は、サン・フランシスコ湾が発見された一七七〇年の時点から副王にサン・フランシスコとサンタ・クララのための二つの布教村を建設するように要請していた。

ところが一七七二年になっても、サン・フランシスコの布教村建設のめどはまったく立っておらず、セッラ神父はそこに送った修道士たちの動向が気になっていた。連絡のない状態が続いていたために、セッラ神父はモントレイ要塞司令官ファヘスにサン・フランシスコ港の情報を提供してくれるように頼んでいた。というのも、布教村設置場所の環境やその周辺に住む原住民たちの情報をつかんで、最良の時機に本格的な布教村を建設したいと思っていたからだ。

雨の季節が過ぎるのを待って、司令官ファヘスは一七七二年三月二十日にモントレイを離れた。その探検に同行したクレスピ神父は、この旅について彼の日記に記録している。

「サン・フランシスコは食糧が尽きそうになっていて、港は見捨てられる危険が迫っていた。我々が着いたとき、仮設ミシオン（布教村）の村民を救済するためにドゥメッツ神父はサン・アントニオ号でカリフォルニア半島に下っている時だった。そのサン・アントニオ号が同じ年に食糧をカリフォルニア半島で積んで北上していたが、船で働く人足の数が多くて、船内で食糧を想像以上に消費していたことやミシオンの新信者が多くなったことで、皮肉なことにいつの間にか食糧が無残にも底をついていたのだ」

前述のようにセッラ神父はサン・フランシスコ湾辺りまで領土が拡大され、より多くの原住民の改宗が可能になったことで、一刻も早く自分の使命を果たす機会が来るのを心待ちにしていた。

いっぽう、メキシコ市ではこの時、サン・フランシスコのことが話題にも上らなかったし、ましてやいかなる布教村建設にも扉が閉ざされていた。副王自身はセッラ神父を筆頭とするフランシスコ会の修道士たちのカリフォルニアでの取り組みを大いに評価してはいたが、メキシコ市在住の官僚のおかたは、三〇〇〇キロも北にあるサン・フランシスコの地を想像すらできなかったのだ。

ところが、陸路からの第一次探検隊長ファン・バウティスタ・デ・アンサがメキシコ市に戻り、副王にコロラド川経由の道が発見されたが手つかずの状態になっていると伝え、ソノラ州とモントレイ間に住む多くの原住民はみな、スペイン人に友好を示していると報告したのをきっかけに、副王はかねてから考えていた陸路での交易路の開発を推進するために、アンサに第二次探検隊を引き連れてカリフォルニアに出かけるように命令していた。

一七七五年初頭、アンサ隊長はメキシコ市を発った。この時点でセッラ神父はアンサ隊長の動向を知らなかったが、一七七五年六月二十七日にサン・カルロス号がモントレイに寄港したことで、アンサ率いる第二次探検隊が陸路でモントレイに向かっているのを知ることになる。セッラ神父にようやく希望が見えてきていた。

その情報をもたらしたサン・カルロス号は食糧と日用品の荷を下ろすとすぐに、サン・フランシスコ港に向かって北上していった。サン・フランシスコ湾は二つの半島の腕が内海を抱くようにしてある。その湾は広く南に三〇キロほど、さらに北に一五キロほど入り込んだあと東に折れて三〇キロほどの奥行きのある内海を作っていた。その先に大きな入り江があり、大河サン・フランシスコ（サクラメント）川がそこに流れ込んでいた。この湾には他に水量の豊富な大小五つの川が流れ込んでいて、五〇〇平方キロを超える草原があり、牧草地として優良な土地だった。

この湾内にサン・カルロス号は四〇日ほど停泊し、港の入り口が北緯三七度四五分であることを確認した後、小舟を使って十分に地形を調べて登記し、地図を作った。アシで作った小屋に住む原住民と接触したが、みんな温厚で気立ての優しい人たちだった。

サン・カルロス号の探検隊がそうした報告を持ってモントレイに戻ってきたのは九月だった。セッラ神父はさっそく地図を添えて副王に報告書簡を認め、「魂の征服」の可能性について触れ、サン・フランシスコの布教村には ペドロ・ベニート・カンボン神父と一番弟子ドゥメッツ神父、サンタ・クララの布教村にはホセ・ムルギア神父、トマス・デ・ラ・ピニャ神父を指名したことを報告するとともに、陸路でモントレイに向かっているアンサ探検隊の到着を待っているところだと報告した。

いっぽう、アンサ隊長はソノラ州で探検隊の隊員を集め終えると、一七七五年九月二十九日の午後、多くの家畜を伴って探検隊を出発させた。この探検隊はサン・ガブリエル(ロサンゼルス)の布教村に翌年の一七七六年一月四日に着いたが、入植者と家畜を休ませる日数を含めて三ヶ月以上を費やして到着していた。

その前日のこと、あのサン・ディエゴの布教村焼き討ち事件の解決を終えたモントレイ要塞司令官リベラが同じくサン・ガブリエルに着いていた。アンサ隊長はそのリベラ司令官と意見交換をした後に、サン・フランシスコに入植することになっているメキシコ先住民や家畜と一緒に北上し、三月十日、モントレイに無事に着いていた。

本来ならば、アンサ隊長はじかにサン・フランシスコに向かい、要塞の設置場所を決定しなければならない立場だったが、モントレイ要塞司令官リベラが以前に探検してその位置をあらかた決めてきたと話すと、アンサ隊長はそれに同意した。彼は新要塞の司令官としてサン・フランシスコ湾の登記と地図の製作に貢献したホセ・ホアキン・モラガ中尉を指名すると、すべての任務を終え、一〇兵を引き連れてソノラ経由でメキシコに戻っていった。

サン・フランシスコの要塞と布教村の設置（口絵参照）

アンサ隊長がメキシコ市への帰路にあるとき、サン・フランシスコに入植する陸からの探検隊が、一七七六年六月十七日にモントレイの要塞を発った。それは、新司令官モラガ中尉が構成する軍曹と武装した家族持ちの一六兵、同じく結婚している七人のメキシコ先住民とその家族、他に、通訳としてカリフォルニア半島から連れてきた新信者、サン・カルロスの布教村から連れて行く若者二人、付き添いの者や召使い、要塞の家畜、そしてそれらを導く牛飼いや馬子、そして、この道行きのために必要となる食糧と必需品を背負ったラバだった。それは賑やかな大集団だった。それ以外の人員と要塞や布教村で使う物資は船で運ぶことになった。この新司令官モラガ中尉らはサン・フランシスコ港に向かう道すがらでも、新たな探検を続けていた。

サン・ベルナルディーノと呼ばれていた大きな平原（サンノゼ辺り）にさしかかったとき、牛と思われる大きな動物の群れに遭遇した。それらは鹿のような大きな角を持っていた。兵士が近づいて三頭を射殺し、角の大きさを測ったら一二六センチもあった。その巨体は一頭立ての荷車で運ぶことが無理な重さで、海岸まで運ぶのに、何度もラバを取り替えた。そのほかに、バイソンや鹿とも遭遇していた。この辺りは動物が群れをなして草を食むのに都合のいい場所だったのだ。

探検隊は六月二十七日にひとつの港の近くに着いた。湾の入り口から五〇キロほど南の地点で荷を積んだ先の帆船を待つことになった。探検隊が野営の準備をしている時、その近郊に暮らす原住民が集まってきて、探検隊の到着に喜びを表すとともに、丁重にもてなしてくれた。彼らに友情を感じた隊長は、食糧と珍しいガラス製のネックレスを彼らに贈ったことで、あさり貝や野生の木の実など、貧しい身なりの者たちにとって最良の贈り物を持って集まってきていた。そのことでモラガ探検隊は彼らの優しさを経験することになった。

リベラ探検隊が要塞や布教村を設置するために登記していた半島の幅は一一キロもなかったが、屋台骨のような山脈が中央を走り、その東側に平地があった。半島の最北端からは海を隔てて別の半島が間近に見えていて、東に巨大な湾を形成していた。

荷を預けた帆船の到着の遅れを知って、それを待つ間、港の入り口近くの半島の最北端に要塞と布教村を建設するために、サン・ベルナルディーノの平原から木材の切り出しを始めた。同時に布教村に指定されていた土地（要塞の南五キロ）に定着する二家族の改宗先住民と警護兵の六家族を送り出した。彼らは、帆船が着くのを待っている間に布教村建設の下準備に取りかかることになった。

逆風によって北緯三二度まで押し下げられたために遅れていた帆船は、要塞と布教村建設に必要な物資を積んで八月十八日にようやく港に入ってきていた。帆船の司令官はさっそく水夫を要塞と布教村に分配し、要塞や礼拝堂建設を手伝わせた。要塞では兵舎を造り、礼拝堂を建てた。礼拝堂を飾る祭壇用の部品を作り、他に食料保管庫を造った。布教村では簡素な教会を建て、その中に据える調度品を作った。さらに神父たちの住居、入植する先住民の住む小屋を造り、警護所を造った。すべては茅葺屋根を持つ木造の建物だった。

要塞と布教村の形が整ったとみたカンボン神父とドゥメッツ神父は、港と要塞の守護聖人サン・フランシスコの聖痕が刻まれたとされる九月十七日に、領主であるスペイン国王の名において要塞の引き渡しの式典を賑々しく執り行い、海からも陸からも大砲と銃の祝砲が放たれた。

ところが、そうしたスペイン人たちの所行を原住民たちが垣間見ることはなかった。と言うのも、八月半ばには彼らはこの半島を見放し、離れて行ってしまっていたからで、ある者はトゥーレ（葦）の筏に乗って、湾の中にある人の住まない島へ移り住み、またある者はそこを通り過ぎて東に向かって行ったからだ。その原住民の内でもその数がもっとも多かったサルソナ族は、スペイン人の放った大砲の音に驚いて逃げていってしまった。最悪だったのは、スペイン人兵士たちが起こしたおぞましい事件だった。半島の付け根に住んでいた原住民の小屋に火を付け、彼らを殺傷するという愚行が原住民を遠のかせてしまったのだった。この事件は原住民の改宗作業の遅れの原因となり、一七七七年三月末まで原住民との良好な関係を築くことができず、入植してから約一年後にようやく最初の洗礼を授けることができたという。そのために、セッラ神父が死ぬまでの五年間で三九四人の信者を獲得しただけだった。

サン・フランシスコ湾やその河口以外の地域からやってきて、後にこの地区に住むことになる原住民は、太陽の光で十分に焼かれた小麦色の肌を持っていたが、南から連れてきたメキシコ先住民たちより白い肌をし、より太っていた。女ばかりでなく男も皆、習慣として死んだ親族の髪の毛を短く切った物、あるいは頭蓋の一部など、何か喪に服したり悲しみを感じたりする物を顔や体の一部に着けていた。それは改宗を受け入れた者たちさえも飾り物として身につけていた。また、男たちはターバンのようなものを巻いていて、頭を守るためだったが、何かのときには風呂敷としても役に立つ物だった。

＊

サン・フランシスコ半島の北端にあるプレシディオ公園、その北から延びるゴールデン・ゲートブリ

国立墓地

ゴールデン・ゲートブリッジとフォート・ポイント

ッジの膝元に、そのサン・フランシスコ要塞がある。プレシディオとはスペイン語で要塞という意味だが、この地が米国の領土になってもその名称が継承されることになった。その地点は海抜六、七〇メートル程の高さにあり、大砲を海峡に向けてまさに湾に入り込む外国船を監視し、威嚇するのに優位な地点である。これまでサン・ディエゴからロサンゼルス経由でかつての「エル・カミノ・レアル」、インターステイト五号線とUSハイウエイ一〇一号線をたどってきたが、セッラ神父が死去するまではここが終点であった。彼の没後、その北にある半島の中程にサン・ラファエル・アルカンヘル（一八一七年）とその先のサン・フランシスコ・デ・ソラノ（一八二三年）の布教村が誕生することになるが、ゴールデン・ゲートブリッジが完成することになるのは一九三六年のことだから、その二つの布教村に行くには船を使う以外になかった。

ゴールデン・ゲートブリッジ南端の真下に、一二六砲を設置していた煉瓦造りの頑丈なフォート・ポイント（要塞）があり、歴史的建造物として保存されているが、これは一八四八年のゴールドラッシュ以降にサン・フランシスコ湾を護るためにアメリカ軍によって建造されたもので、スペイン時代のものではない。スペインの要塞があったのは、USハイウエイ一〇一号線がブリッジに入る手前の今日墓地になっている辺りで、その南にかつての要塞の礼拝堂の建物が人知れず立っている。

いっぽう、サン・フランシスコ・デ・アシスの布教村はそこから五キロほど南東の沼の辺の比較的平坦な土地が選ばれた。その土地が「ドローレスの聖母」の日に発見されたために、今日ではミッション・ドローレスという愛称で呼ばれている。その教会の建つすぐ側には小川が流れていて耕作に適した土地に思われた。ところが、そこは大雨のたびに耕作地や住居が洪水に見舞われたために、一七九一年にそこから三〇〇メートル西の山側の土地に移転している。そこが今日見ることのできる布教村の教会である。その東西南北を見回してみても今日では碁盤の目のような街路が広がっているだけで、どこに沼があったのか、どこからどこまでが耕作地だったのか想像もつかない。布教村の教会があったあたりからまっすぐ北東に走るサン・フランシスコの目抜き通り、マーケット・ストリートを境に、北は起伏の激しい町並みを構成していて、歩くのにも難儀する町並みなのだが、その南の地区は比較的平坦だから、総じて南側が耕作地で北側が牧草地になっていたのだろう。

しかし、この土地は耕作には向かない土地だった。というのも、東京とほぼ同じ緯度にあるサン・フランシスコだが、夏の低温と霧が有名で、麦やトウモロコシには日照時間が少なく、収穫が思うように上がらなかった。夏でも長袖を一枚用意しなければならないほどで、パロウ神父が言うには、サン・フランシスコに赴任した修道士は気候のせいで病気にかかりやすく、きわめて住み心地の悪い土地だったというのだ。

ところが、今日みるサン・フランシスコは、カリフォルニア州第二の人口（市内で八〇万）を持つ大都市に発展し、経済の中心地となっている。地図を見ると幅が一一キロほどの土地に碁盤の目のような街路が規則正しく引かれているから、健脚を生かしてサン・フランシスコ探索と考えては、ゆくゆくは後

プレシディオ公園の砲弾のモニュメント

悔することになる。道の高低差にすっかり参ってしまうのが落ちだ。そういう地形だから地下鉄が発展しない。サン・フランシスコで有名なのはケーブルカーだが、それはごく一部の路線だけで、ほとんどはバス交通に頼っているのはこうした事情があるからだ。

　先述のようにサン・フランシスコが碁盤の目のような町並みになったのは、一九〇六年の地震で町の四分の三を焼失してしまったために、都市計画に沿って街造りを実行できたことによるものだった。それから一〇〇年も経たない一九八九年にも大地震に見舞われている。この時の地震を私はサン・フランシスコ空港を飛び立ったばかりの飛行機のアナウンスで知ることになったが、帰国後にテレビで多くの橋や道路が寸断される映像を見て驚愕したことを記憶している。多くの断層が入り組んでいてまれに見る地震地帯なのに、サン・フランシスコの核となる伝道所をこの地に設置したセッラ神父に罪はない。セッラ神父の意思とは関わりなく、サン・フランシスコが巨大化したことで、被害が大きくなってしまったのだ。

　サン・フランシスコの伝道所、つまりミッション・ドローレスは半島の屋台骨となっている山脈の麓に位置している。伝道所の辺りを高い位置から見てみようとその背

賑わいをみせるサン・フランシスコ、マーケット通り

再建されたサン・フランシスコの伝道所。今日ではミッション・ドローレスと呼ばれる

伝道所のジオラマ

布教村のジオラマ。すぐ傍を川が流れている

後にある勾配が三〇度もありそうな坂道を上ってみた。その両側にはパステルカラーの美しい家並みがあるのだが、その坂道に対して直角に車が駐車しているのをみると、今にもその車がズリ落ちそうに見える。「地震が起きたら……」と、そうした不安を覚えるのは私だけだろうか。近くにはツインピークスと呼ばれる二八〇メートル弱の二つの小山があるが、サン・フランシスコ市内や湾を広く見下ろせる有名なデートスポットになっている。

また、このミッション・ドローレスから数ブロック北にはヘイト・アシュベリーがある。一九六〇年代、多くの若者たちが安い家賃を求めてこの地区に移り住み、「愛・平和・自由」を唱って、ヒッピーカルチャーを生み出したところである。今ではロックやパンクに関する派手な色彩の店や古着屋が建ち並ぶ華やかな一角になっている。また、ミッション・ドローレスから四ブロックほど西にあるカストロストリートはゲイのコミュニティーのある地域として知られている所だ。サン・フランシスコの歴史の起源となったこの伝道所周辺が、時代のムーブメントの先駆となっていることに、何か因縁を感じてしまう。

フランシスコ会の始祖サン・フランシスコに捧げたこの布教村は、米墨戦争以降にメキシコの援助が絶たれて衰退を迎え、人口が二〇〇を割り込むのだが、一八四九年に突如起きたゴールドラッシュによって人口が爆発的に増えることになる。サン・フランシスコ湾に注ぎ込むサクラメント川の支流アメリカン川近郊で金が発見されたというニュースはあっという間に世界中に広がり、「フ

サンフランシスコは坂の町だ

急勾配の道にも家が建て込んでいる

ォーティ・ナイナー」と呼ばれる人たちが、このサン・フランシスコに集まってきたのだ。ゴールドラッシュでサン・フランシスコは貿易港として栄え、それに伴って商業活動が活発になって大いなる繁栄をみた。もともと狭い半島で、本来ならば山林として残すべき土地は、一八四九年以降に集まってきたこうした人たちの住居となったのだ。こうしてフランシスコ会の修道士たちの神による理想郷建設の夢の地が、いつの間にか「フォーティ・ナイナー」たちの黄金の夢の地にすり替わっていたのである。

第三部

修道士たちの夢の後先

大航海時代、西洋文明とともにキリスト教はアメリカ大陸やアジアにその進路を求め、自分たちと異なった文明や価値観を持った人々の前に立ちはだかり、時には戦い、時には友情を交わして彼らの中に侵入して行った。

早い時期からメキシコの布教活動を担当していたフランシスコ修道会が、カリフォルニアでの宣教を担当することになったのは、フニペロ・セッラ神父とその弟子たちが、ゴルダ山脈の布教村での宣教実績が認められたことによるものだったことは、前述のとおりである。一七六七年、イエズス会の修道士追放に伴って、その代行としてカリフォルニア半島に向かったフニペロ・セッラ神父はじめサン・フェルナンド神学校の修道士たちが、意気揚々と旅だった先は、宗教的な理想郷建設の夢以外に何もない所だった。

しかも、彼らが後に夢を託すことになるその先のカリフォルニアの地は、ヌエバ・エスパーニャの首都メキシコ市から想像を絶する遠隔地で、エル・カミノ・レアルなど確立していない初期の布教村では、考えただけでも億劫になってしまう片道三〇〇〇キロという距離の問題が立ちはだかっていた。メキシコ市から送られてくるはずの物資が届かず、不確実な船による物資や手紙の輸送、あるいは道無き道のロバによる輸送は、布教村と副王政府の分断の原因となっていたのだ。

その当時の海運と言えば、すでに、フィリピンとメキシコはアカプルコとの交易船が定期的に運行していて、アジアとメキシコを繋いでいたのだが、それでも、運を天に任せ、帆を時の風に任せるような危なっかしい状況には変わりなく、季節によっては予定通りに航行するのが難しい時代だった。

カリフォルニアに入植してから三年あまりが過ぎた時期だった。セッラ神父は、モントレイから直接メキシコ市のサン・フェルナンド神学校に手紙を書いて、物資不足を訴えていたが、音信不通で何の反応もなかった。不安に思ったセッラ神父はカリフォルニア半島の布教村にいたパロウ神父に手紙を書き、そこからカリフォルニアの窮状を訴える手紙を副王や神学校に書いてもらおうとしていた。

そのパロウ神父への長文の手紙には、布教村の村民に対する愛情と物資不足の不安の数々が書かれていた。

「ビバ！　イエス、マリアとホセ。高徳の朗読師で所長、フランシスコ・パロウ神父、……中略……まずはじめに、神に対して私が健康であること、そして、この土地にいる同僚の神父たちの誰もが多くの貧者を苦しめてきた空腹から彼らを救ってきたことに感謝の言葉を述べたい。第二に、船の到着を待っていたのに、この港に着くはずだった二つある書簡が、我々に届かないことです。それというのも、二通とも北までいってしまったようです。このミシオン（モントレイ、サン・カルロスの布教村）から二レグア（一一キロ）のところに一隻が着くには着いたけれど、そこに停泊することはできなかったのです。

主艦船の艦長（ファン・ペレス）は、サン・ディエゴ港を確認し、入港を試みたが、結局サン・ディエゴに着くことはできなかったと手紙で書いていました。サンタ・バルバラ（サンタ・バーバラ）海峡にいた者がサン・ディエゴに行ったら、あっちではなんでも揃っているのに、こっちでは何もないと書いていました。ただ一つの慰めは、このようなサン・ディエゴとサン・ガブリエル（ロサンゼルス）の二つのミシオンがすでに熱心な信者によって守られていたことです。こちらサン・アントニオ（北緯三六度五分）のミシオンと要塞（モントレィ、北緯三六度三〇分）は放棄の危惧など何もない状態です。しかし、村民にいつの日か訪れるかもしれない苦しみがあってはならないし、彼らの安全をなんとしても守らなければなりません。陸路を北上しているロバたちはわずかで、見るも無残な状態です」

「集落を支えているのは何と言ってもインディオ（インディアン）たちです。彼らによって、我々は生きていられます。というのも神がそう望んでいるからです。とはいえ、牛の乳と畑の野菜はこの施設の経済を支える二つの大きな生産物になっていましたが、ミシオンが建設されたときに比べれば、その両品目の生産量はすでに減少しています。私が思っているほど多くはなく、あなたが思うよりもずっと少ないのです。管理者である修道士の願いはインディオを定着させること以外にないのですが、空き家が目立つのは修道士たちがミシオンを続けることの困難を嘆く原因となっています。船がミシオンに運んでくるはずの情報と絶対的に不足している日用品を、すでに一四ヶ月間も待っていて、すっかりサン・ルイス・オビスポ（北緯三五度一五分）の神父たちから熱意が奪われてしまっています。彼らから切羽つまった状況が理解できます」

「もし、これらのミシオン設置のために、今後も情報や物資を運ぶ船の到着が遅れるようなことになれば、他のミシオン建設に多くの年月を必要とするでしょう。それは生活必需品を遠隔地から運ばなければならないという困難がつきまとうからです。そのことは、私より、貴君が身近であるからよく知っていることです。厳しい状況に我々修道士がうめいています。我々が耐え忍ばなければならないのは困難な仕事と俸給の未払いです。それでも、ここを去ろうとは決して望みません。それは仕事であって仕事でないからです。モントレイの、サン・アントニオの、サン・ガブリエルの、サン・ディエゴのこの空の下に、今日まで存在しなかった多くの無垢な魂が存在します。神をほめたたえる多くのキリスト教徒の営みが存在します。先の聖人の名前は、多くのクリスチャンの口元より、さらには異端者であった者たちの口元に頻繁に聞かれています。彼らはある日突然、虎やライオンに戻るおとなしい仔羊のようにさえ思われます。神がそれを許したもうたのです。それにしても、モントレイのミシオンで、我々はすでに三年を経験し、サン・アントニオで二年を経験していますが、毎日がいい方向に向いています」

「そして、この世紀末、すべてを神と我々の始祖サン・フランシスコに託したことで、子供たちだけでなく親であるインディオもまた、神聖なカトリックの信仰に改宗できたのです。すでに私はそれを見、実感しています。というのも、もし、ここにいる皆を信者にできないとすれば、彼らの言葉を十分に理解していないからだと私は思います。『郷に入っては郷に従え』新しい土地に着いたら新しい仕事が待っているのです。つまり、私はこの感謝すべき言葉に大いに不適格だったと思い当たったのです。そして、カスティージャの言葉を身に着けるまでいかない原住民の通訳や先生のいないこのような土地の中にあって、ある程度の時間を費やすのは仕方の無いことだと知りました」

「すでに、サン・ディエゴでは、時間がそうした困難を解決してきました。大人たちが洗礼を受け、結婚の祝福を受けています。そして、その者たちによってよい家庭環境がつくられています。というのも、すでに子供たちがカスティーリャ語で話し始めているからです。そればかりでありません。我々を援助してくれているのです。貧しい村人がなけなしの食料を持って集まり、我々に食べ物を与えてくれました。しかし、実際には少人数の頭（酋長、家長）がそのミシオンを支えているというのも事実です。みんなと一緒に、私は神にすべての人が救われますようにと願っています」

「それでは、主要な要件に進むことにしましょう。私はこれからサン・ディエゴに司令官ペドロ・ファヘスと一緒に向かいます。そして、もし、貴君がいつの日か、サン・フランシスコ・ベジカテ（カリフォルニア半島）とその（サン・ディエゴ）港の間に五つのミシオンを建設するためにその辺りのことを調べているなら、九月半ばか末に、貴君の考えを我々に示すことができましょう。そして、頻繁な手紙のやり取りが我々の会話を補い、このような大事業を前進させることが出来ると考えています。……略……」

「……略……」

「もし、貴君が我々の神学校に手紙をする機会があったら、ここで行われていることの正確な情報を伝えるようにしてください。と言うのも、私の手紙が神学校に着かないことが考えられるからで、そこからであればこちらのミシオンの報告を安全かつ正確に伝えることができるからです。こちらのミシオンの神父ひとり一人に私が持っている権限を任せていますが、何か特別なことがあったら私に手紙を書くように指示してあります。……略……他に言いたいことは、この土地には必要としないものが何もないということです。神がすべてを認証し、永遠に、その神聖なる愛と感謝の中に貴君を守りますように。モントレイはカルメロ川沿いのサン・カルロスのミシオンにて、一七七二年八月十八日、高徳の神父、親愛なる友人へ。同僚で使徒、フニペロ・セッラ神父」

この手紙を書いた後、セッラ神父は徒歩でサン・ルイス・オビスポ、ブエナベントゥーラとサン・ガブリエルに立ち寄りながらサン・ディエゴに向かい九月十六日に到着。そこで船に乗り、十一月四日に無事にサン・ブラスの港に着いている。そこからまた徒歩でメキシコ市に向かい、一七七三年二月六日、疲労困憊の末にサン・フェルナンド神学校に到着している。それはなんと五ヶ月にわたる長い長い旅だった。

このセッラ神父のメキシコ市行きは、もしその長きに渡る辛い旅を敢行しなければ、「魂の征服」が見捨てられることになるという杞憂をはらんでいた。と言うのも、副王政府の政策転換で、サン・フェルナンド神学校が推し進めてきたカリフォルニアでの布教村推進プロジェクトが、ナヤリット州サン・ブラス支所（北緯二一度三〇分）の管轄に吸収されることがわかったからだ。その当時、政界入りしたばかりの閣僚の情報を鵜呑みにして、副王アントニオ・ブカレリはカリフォルニアへの物資輸送を経費のかかる船による運搬を廃止し、ロバによる陸上輸送に切り替えるように決定していたのだ。この時すでに、かつての輸送基地サン・ブラス港は、二ヶ月間も船が寄港しない状態が続き、廃港のようになっていた。

メキシコ市滞在中のある日、セッラ神父はモントレイの要塞にいる修道士仲間や兵士の数、布教村の管理について校長と話し合いを持った。だが、もうこれ以上、布教村を作ることがかなわないのを知る。それでもフニペロ神父は、これまで通りカリフォルニアを副王政府の直轄領地にするように強く要請し、魔のコロラド川が陸路を阻止しているために、海路を使わなければ、衣料や食料を運んだり、布教村と密に連絡をとったりすることもままならないと訴え、安全な物資輸送の方法を提案している。

「ロバでシナロア地方のグアイマス港（北緯二八度、メキシコ市から約八五〇キロ）まで導き、その港からランチ（小舟）を使って荷を湾に沿って、カリフォルニア半島のサン・ルイス湾（北緯三〇度）まで運びます。さらに、そこからロバを使って最終目的地モントレイに運びます。その距離は六三〇キロになります。歩きが全部で一五〇〇キロ、船が約二〇〇〇キロの旅です。この輸送のために、道を迷うことがなければ、二年もの歳月が必要ですが」

セッラ神父の訴えが校長を介して副王に認められ、「魂の征服」が有効で意義あるものだと理解されることになった。ところが、こうした多くの魂の改宗とカトリック信仰の拡大という宗教的な情熱とは別に、実はその北に隣接する土地の支配に、副王は大いなる関心を示すことになったのだった。

副王アントニオ・ブカレリはさっそくサン・ブラス港でフリゲート艦サンティアゴ号を建造し、食糧を積んでモントレイに向かわせてから、さらに北を探検するように命令を発するとともに、コロラド川を渡る陸路によるエル・カミノ・レアルを開設するために探検隊を送るように指示していた。

コロラド川の不幸なる事件

副王アントニオ・ブカレリに命を受けたクロイックス司令長官はケレタロ市のサンタ・クルス神学校に、コロラド川流域に二つの布教村建設を要請していた。それは、周辺原住民の改宗目的というより、かつてフアン・バウティスタ・デ・アンサ探検隊長が発見した陸路によるエル・カミノ・レアルの安全を確保するためのものだった。この二つの布教村の設置はメキシコ市とサン・フランシスコとの流通を円滑にすることが期待されていた。しかし、本来の布教村とは異なり、わずか八兵と八人の家族持ちのメキシコ先住民で構成された小規模なものだった。

コロラド川岸にできたこの二つの布教村は「無原罪の聖母」と「サン・ペドロ・イ・サン・パブロ」

で、その二つの間の距離が一六キロほどしかなかった。

　修道士たちは原住民を布教村に引き寄せるためにミサや祭りを行ったり、積極的に贈り物をしたりすることもなかったから、原住民を大勢集めることもできずにいた。それでも、近隣に暮らす原住民たちはこれら二つの村から離れて行くこともなかった。原住民は兵士や村人と、自分たちが持ってきた物と特に衣服やトウモロコシの粉のような物と交換するためにだけ立ち寄っていた。たまに、彼らは川岸に魚や貝、薬草か何かを採集するために近づくこともあった。

　このようなつかず離れずの状態ではあったが、通訳がいたおかげで意思疎通が取れるようになり、わずかだったが原住民たちへ洗礼を授けることもできるようになっていた。ところが、彼らは決して集落を作ろうとせず、みすぼらしい小屋にさえ住むこともなかった。それは彼らの生き方だったのだ。それでも好奇心を抱いて布教村に近づく者がいたり、彼らを探しにコロラドの奥地まで赴く修道士たちに、はっきりとその顔を見せる者も出てきていた。そんなとき修道士たちは、彼らをキリストの祭りに引き寄せるために、多くの仕掛けを用意し、贈答品や食事を用意するようにしていた。

　その後、原住民たちは兵士や村民の飼う家畜が牧草を食べるのを見て、また、村民たちがそれほど広くない畑を耕作しているのを見て、自分たちも以前、そのようにして生きていたことを思い出していた。わずかだったが彼らの狭い土地にトウモロコシ、フリホール（ささげ豆）、カボチャ、そして、スイカを植え付け始めていた。

　ところが、原住民のこうした細々とした畑と比べても、より豊かな実りを待つ布教村周辺の土地につくられた新信者の畑を見て、原住民たちは嫉妬を覚えるようになっていた。ある日のこと、悪意のある男が原住民を手ほどきして布教村の畑を荒すという事件を起こし、村人の出鼻をくじいた。原住民は村人が自分達の生活を圧迫し、ついには自分達の土地を占領してしまうのだという強迫観念を抱くまでになっていたのだ。そうしたスペイン人の横暴を阻止するために、ついに原住民たちは立ち上がった。パロウ神父によれば「彼らは文明を排除し、古きに生きることを選択した」。そして、次のように過言している。「原住民の土地でだけでなく、すべての土地が彼らの世界のものとして尊大に振る舞っていた」

ある日曜日、最後のミサを終える時刻に、反乱原住民が二つの布教村に同時に攻撃を仕掛けた。それは司令官、軍曹、兵士や村人の命を奪うためだった。この時、これらの布教村で命乞いができた者は、ちょうど村人の懺悔の言葉に耳を傾けていた四人の修道士たちだけだったが、怒りの収まらない反乱原住民は、ついには修道士の命をも奪い取っていた。さらに、反対の岸にいたモントレイのフェルナンド・リベラ司令官の兵士に襲いかかり、八人全員を捕まえたり命を奪ったりしていた。

その後、幸運にも捕虜になっていた一人の兵士が逃亡に成功し、ソノラ要塞に駆け込んでいた。そして、クロイックス司令長官が事件の経緯を聞き取ると、彼は進軍の準備をするように陸軍中尉ペドロ・ファヘスに命令していた。中尉はさっそく皮鎧をつけた兵士を召集し、コロラド川に向かい、先の兵士の話が本当かどうかを確認した後、原住民が欲しがっている衣服や土産物を持って、捕虜解放の交渉に向かった。こうして捕まっている仲間を助け出すことに成功すると、今度は誰がこの暴動を指揮したかを調べあげ、村人を殺した首謀者を逮捕していた。逮捕者をソノラ要塞に連行し、そして当然のように罰が彼らに与えられた。こうした企てが二度と起きないようにするために、モントレイの行政官と連絡を取りあい、罰するべき者や奴隷にすべき原住民を捕らえるために、コロラド川両岸に同時に攻撃を仕掛けて彼らを全滅してしまった。

それから司令官ファヘスは探検隊を引き連れてエル・カミノ・レアルをコロラド川に沿って進み、浅瀬になっている所でコロラド川を渡り、全てが焼き払われて灰と化した布教村に着いた。散らばった死体が太陽に晒されて悪臭を放っていた。その一つめの布教村でファン・ディアス神父とマティアス・モレノ神父の遺体が発見されたが、彼らの遺体の損傷が激しく、体の部位が四方に散らばっていた。司令官ファヘスは、それらを丁寧に拾い集めてソノラ要塞に持ち帰るために棺桶に納めるように命令していた。

司令官は、さらにもう一つの布教村に移動し、破壊された布教村を目にして苦虫をかみつぶしていた。そこでも同じように布教村が焼き払われ、村人の死体が散らばっていた。しかし、二人の修道士、フランシスコ・ガルセス神父とファン・バラネチェ神父の遺体を見つけることはできなかった。司令官はもしかしたら彼らが生きているかもしれないと考えた。と言うのも、特にガルセス神父は原住民たちから慕われていて、布教村に兵士を配備することを好まず、長い間、この地に深く根を降ろして彼らとともに生活しているのを知っていたからだ。時に彼に対して原住民が好んで食べる野生の食糧を支援し、ガルベス神父もそれを喜んで食べていた。そして、原住民たちから彼らの挨拶の仕方を学び、彼らと会話を楽しむまでなっていて、時折、キリストを讃える話を彼らにするだけだった。

そのことを知っていた司令官ファヘスは、反乱原住民が二人を殺さず、原住民と一緒に生活しているのではないかと思ったが、後にファヘスの軍隊によって助け出された村人の話で、二人の神父の命も同じように奪われたと知ることになった。

探検隊の兵士たちは、布教村の側にある草原の一区画に遺体を集めて埋葬した。緑の牧草で覆われたその土地を整地し、その名を知る物もあれば知らぬ物もあったが、いろんな色の花を植え付けて彼らの慰めとしていた。その草原にはマンサーナ（リンゴ）の巨木が一本あった。司令官ファヘスはその木の根元の土が乱れているのに気がつき、もしかしたらと思いたって、その木の周りを部下に掘らせた。こうして司令官はそこに二人の神父の遺体を発見した。遺体は完全なものではなかったが、つましく悔悟服に包まれて葬られていた。

後にわかったことだが、一人の年配の原住民が神父たちの遺体を見つけて、そこに埋葬したとのことだった。その老人は尊敬している神父たちが再生して欲しいと願い、墓を掘り、そして埋葬したのだという。司令官ファヘスはそれらの遺体を掘り起こすと棺に入れ、ソノラに運んでケレタロのサンタ・クルス神学校傘下の布教村の修道士にその遺体を引き渡した。

捕虜となっていた者からの報告で、二つの布教村襲撃の首謀者はジュマ族（ユマ族）の酋長だとわかった。さっそく、司令長官は探検隊を編成した。それは探検隊というより反乱を起こしたジュマ族を懲らしめるための討伐隊だった。ところがコロラド川がその進軍を阻んだ。乾期となり水量の減る九月まで、ジュマ族平定は延期されることになったが、その後も、ジュマ族平定は成し遂げられることはなかった。双方にけが人を出すようなこともあったが、それ以上に戦いが発展することもなく、加えて、スペイン人による贈答作戦によるジュマ族懐柔も、法外な国庫からの出費の割には効果が上がらなかったために挫折していた。こうして陸路の「エル・カミノ・レアル」は、事実上断ち切れになってしまったのだった。

北方の探検隊

いっぽう、副王アントニオ・ブカレリの、さらに北を探検するようにとの命を受けたフリゲート艦サンティアゴ号は、一七七四年六月十一日にアメリカ大陸太平洋岸の登記のための探検に出発した。隊長はファン・ペレスで、その探検に二人の修道士ファン・クレスピ神父とトマス・デ・ラ・ペニャ・サラビア神父が同行した。サンティアゴ号は北緯五五度（アラスカ州南部）まで北上して大きな島を発見し、サンタ・マルガリータ島と名付け、そこからモントレイまでの海岸線を登記し終えた。この時、隊長は地上に降り立つことはなかったが、海岸線に住む原住民と接触し、大いなる成果を得ていた。彼らは大型の美しい形のカヌーを操り、フリゲート艦に横付けすると、彼らが手にしている手芸品、木彫りの物、麻や革製のマント、色鮮やかに染められた衣服、多色の樹皮のゴザ、帽子、日よけ、鉄製のビーズ、装飾品などを見せて、スペイン人が持っている物と交換しようとしていた。

みんな気立てがよく恰幅のいい健康そうな原住民で、見事な色の動物の毛皮をマント代わりにまとっているか、あるいは裸であった。女たちは素直で、美しい色の衣服で肌を隠していた。ところが、皆（小さい女の子まで）下唇にあばた（穴）がたくさんあり、そこに、小さな板（金か銀）をぶら下げていた。

前述のように　第一次探検隊は副王が要望していた内陸の土地登記をすることが叶わなかった。そのために第二次探検隊が結成され、さらに高緯度に上り、もし良港が発見されることになれば、登記することにしていた。そして、登記を確実にして副王の野望を満足させるため、もう一艘、二本マストのフリゲート艦を随行することにした。

一七七五年三月中旬、サン・ブラス港から探検隊が発って、六月九日にメンドシーノ岬（北緯四一度六分）の地点に達していた。このメンドシーノ岬は、初代副王アントニオ・デ・メンドーサ（在位一五三五～四九年）に敬意を表して命名された岬で、フィリピンはマニラを出発した定期船が日本の銚子沖を経由して北太平洋海流に乗って東進し、アメリカ大陸に沿って南下するための有名な目印となっていたところだった。そのメンドシーノ岬で水飲み場を確保するために陸地に接近することになったが、そこで、有望な港を発見した。そこは荷を運び上げるのに安全な場所で、陸地に降り立ってみたが、そこで近隣に住む友好的で気立てのよい原住民に遭遇した。六月十一日に大きな十字架を立てた後に、ミサを奉じた。原住民の助けによって水汲み場と井戸を作ることができたので、彼らに食べ物や飾り物を贈った。そこに八日間滞在し、その土地を地図に書き込み、登記してそこを去った。

七月十三日、探検隊はワシントン州とオレゴン州の境（北緯四七度二三分）の地点に到達し、大きく美しい入り江を発見し、そこに基地を設置した。次の日、司令官と修道士が艀で上陸し、海岸線に二つめの十字架を立てた。満潮と干潮の差が大きいために、ミサを奉納して村の設置を果たすことが叶わなかった。そこからさらに高緯度に向かって二艘の帆船は北上していた。

八月十一日の時点で北緯四九度三〇分のバンクーバー島まで北上していた。ところがこの時、ゴレダ船が二本マストのフリゲート艦とはぐれてしまったために、司令官はゴレタ船を探しながら海岸沿いを南下する決断をして、モントレイに八月二十九日に戻った。この時、搭乗員のほとんどが壊血病に見舞われていた。

迷子になっていたゴレタ船は三〇日後に、司令官（船長）なしにモントレイに戻ってきていた。ゴレタ船はなんとアラスカ南部（北緯五八度）まで北上し、安全でしかも有益な大港を発見していた。その港にヌエストロ・セニョーラ・デ・ロス・レメディオス（アラスカ湾?）と名付けた。位置を確認してから、原住民の小屋のあるところからよく見える場所に一本の十字架を建ててその港を離れた。

ゴレダ船はもっと北に進もうとしたが、向かい風と逆海流によって阻止され、北緯五五度あたりまで押し下げられていた。ところが偶然にもそこで北から太平洋に入り込む海路を発見した。そのあたりはすでにイギリス人によって広範囲に発見されていたところだったのだが、副王に敬意を表して、そこをパソ・デ・ブカレリ（ブカレリの道）と名付けた。

副王アントニオ・ブカレリの欲望

第二次探検隊の報告を受け取った副王アントニオ・ブカレリは、それに満足することなくさっそく第三次探検隊を計画していた。が、それは一七七九年までおあずけとなった。副王は第三次探検隊がもたらすにちがいない吉報をかなり期待していて、さっそくフリゲート艦を新造するように命令し、さらにペルーから帆船を買う手立てをしていた。第三次探検隊は一七七九年二月十二日にサン・ブラス港を出港し、五月三日に北緯五五度の地点のパソ・デ・ブカレリと名付けておいた場所に到着していた。そこで群島を発見し、その登記に二ヶ月を費やし、その間、島や海岸に集落している多くの部族と接触した。彼らは健康的でスタイルがよく、いい肌の色をしていた。かなり大きく美しい木の小屋を持ち、海に出て魚を獲っていた。探検隊はそこで三人の男児と二人の女児の買い取りに成功していた。行く末は洗礼を授けるつもりだった。

八月一日、北緯六六度（ベーリング海峡）の地点にいた。艀に乗り換えてその周辺を登記している間に、原住民がフリゲート艦にカヌーを横付けして、甲板に登ってきていた。彼らは自分たちのカヌーに比べたらばかでかいフリゲート艦を見ても別に驚く様子もないことから、すでに、ロシアかイギリスの艦船と接触した経験を持っていることがわかった。彼らの中にはロシア風の衣装を身につけている者さえいた。

二艘のフリゲート艦の艦長は、ロシア人がすでにこの辺りに現れていることで登記の可能性が少ないと判断し、退却を決意して舳先を南に向け、一七七九年九月十五日にサン・フランシスコ港に戻ってきていた。

その探検隊はサン・フランシスコに一ヶ月半停泊した後、サン・ブラスに向かったが、その途中で、副王アントニオ・ブカレリの死を告げる手紙とイギリスとの開戦の知らせが届いていた。この知らせで、ヌエバ・エスパーニャはサン・フランシスコ以北の領土拡大の夢から醒めることになる。

話は少々遡るが、セッラ神父のメキシコ市での直訴の帰り、神父はサン・ブラス港から船に乗り、一七七四年三月十三日にサン・ディエゴに着いていた。神父はそこで下船し、六〇〇キロを超えるエル・カミノ・レアルを徒歩でサン・カルロス（モントレイ）に戻る方を選んでいた。神父は生活苦に陥っている原住民に手を差し伸べるためにその途中の布教村を訪ね歩き、モントレイを離れてから一年と九ヶ月が経った一七七四年五月九日に、無事モントレイに着いている。それは当時としては高齢のセッラ神父六十歳のころの旅だった。支援物資を積んだ船はセッラ神父より一月ほど前にモントレイに着き、やっとサン・カルロスの布教村を襲った過酷な飢餓から脱出することができたと言って、モントレイは喜びに沸いていた。

エル・カミノ・レアルの最前線では飢餓を何とかやり過ごし、布教村運営が軌道に乗り始めていた。ところがセッラ神父の帰還から一年半ほどたった一七七五年十一月四日の夜、要塞のあったところから移設したばかりのサン・ディエゴの布教村では、大事件が起きていた。反乱原住民が布教村を襲撃し、ルイス・ハイメ神父ほか、大勢の村人が殺されて、布教村が壊滅状態になっていた。そのことは先述のとおりである。この事件はただサン・ディエゴの問題にとどまらなかった。もし、サン・ディエゴの布教村と要塞が消滅することになれば、その先のサン・ガブリエル、モントレイ、そしてサン・フランシスコへの供給路をたたれることを意味していたから、セッラ神父はキリスト教宣教の情熱を常に絶やさない副王が、サン・ディエゴ布教村再建を早急に指示すると信じていた。しかし、この時も、メキシコ市との距離の問題で、対応が遅れることになる。

　事件の詳細がサン・カルロスのセッラ神父に知らされたのは十二月十三日で、モントレイ要塞司令官リベラがその処理のためにサン・ガブリエル（ロサンゼルス）に着いたのは、翌年の一月三日だった。さらにセッラ神父がサン・ディエゴを訪問することになるのは、それから半年ほど先の七月十二日だ。この時点でもサン・ディエゴ再建に関する副王からのご沙汰や再建のための支援がなかった。一七七六年十二月二十五日付の副王の書簡にそのことが書かれていたが、その書簡はその後もセッラ神父に届く事はなかった。

セッラ神父の宗教的権限

セッラ神父は一七六八年、一五名の同僚とともにカリフォルニア半島に着き、イエズス会の神父たちが管理していた布教村の位置を把握したおり、イエズス会の神父たちの手紙の中に、ベネディクト一四世教皇が許可したイエズス会士の権限の内容を知ることとなった。そのことで、堅信を授ける権限を持つ司教が外部からカリフォルニア半島に渡って来ることがきわめて困難だと知り、新信者に対してどのように堅信の儀を行えばいいのかという疑問を持った。ところが、校長の書いた手紙と一緒に、ベネディクト一四世教皇の「教書」がセッラ神父に送られて来たのを見ると、神父の資質を買われてすべての布教村の最高責任者、主任神父フニペロ・セッラの職責にその権限が乞われることになっていた。その「教書」にはイエズス会士に対するもの以上の権限が書き表されていたのだ。

パロウ神父は次のように書いている。

「それは決してその権限をセッラ神父が司教たちに申し出たものではなかった。神父はそうした栄光に欲することを望んでもいなかったし、むしろそれから距離を置いていた。そうした慎み深さを持って、『主のブドウ畑』で仕事をしたいという熱い願望以外に神父の心には何もなかった。そうした邪念を避けるために、自分なりの方法で『主のブドウ畑』の中で仕事を行っていたのだ。モントレイの征服と布教村の設置後に、サン・フェルナンド神学校（メキシコ市）の校長にその設置報告をしたことで、校長はマドリッドの王室と法廷に手紙を書いていた。この著名な有力者（校長）は、この神父からの報告を受けてすぐに、遠いカリフォルニアの地で『魂の征服』のために懸命に働いているセッラ神父の功績と高徳が見失われてしまうことを危惧し、世界から大いなる賞讃を授かるべきだと感じていたのだ」

「セッラ神父は『主のブドウ畑』での仕事に関して明確な指針を立てていた。わき目も振らず、原住民とともに生き、修道会の職務だけに生きることを拒否するという目標を立てて、常日頃からそれを確認していた。そして、もし神のお導きがあらば、自分の血を改宗のために惜しみなくまき散らす覚悟だった。真の謙譲の人セッラ神父が疑念を持たれるのを妨げるために、仕事に没頭する以外の方法もとらず、他人に話すこともなかったばかりか、このような評判や威厳に関係する人物に手紙を書くこともなかった」

サン・ディエゴとモントレイの要塞や布教村建設後のこと、本国マドリッドの法廷からセッラ神父に個人的な手紙が届いた。今までに全く面識がなく、その名も聞いたことがない人物だった。その中に次のように書かれていた。

「貴殿、高徳のフニペロ・セッラ神父が国王と王室顧問会議のために大いに賞讃されるべき状態にあることは明らかです。貴殿を支援するために早急に、援助が可能かどうかを国王と王室は判断を下すべきです。貴殿の良き代理人として、国王を利用するべきことをここに提案いたします」

セッラ神父はその手紙を読んで、国庫の援助を可能にするのであれば、それを素直に受け入れようと、公式な請願のためにその人物に「シー（肯定）」の返事を出した。それは自分やその代理人のためと言うより、飢餓状態を経験したカリフォルニアの布教村を支えたいがためだった。

こうしてローマの宗務局（裁判所構成員）にカリフォルニアのセッラ神父の勤勉が流れ伝えられることになり、クレメンテ一四世教皇によって一七七四年七月十六日付で、一〇年間に渡りカリフォルニアの布教村の主任神父フニペロ・セッラと、四つの神学校の校長によって任命された宗教者一人に対して、「裁量権」が許可されることになった。その「裁量権」を先の二人に与えることを言い伝えられたマドリッド王室顧問会議の許可状が、さっそくフランシスコ修道会の手に渡されるとともに、メキシコ市では副王と王室の協定書が、主任神父フニペロ・セッラの手に渡されていた。それによると一七七七年十月十七日の許可状によって、サン・フェルナンド神学校（メキシコ市）の布教村にその権限が所属していることが示されていた。

では、このセッラ神父が受け取った「裁量権」とはどんな権限なのか。ローマ・カソリックの世界では、司祭が改宗の儀式をすることができたが、キリスト教の教義を深く理解し、信仰を確かなものにしたという証としての堅信の儀を行使することができたのは司教職を持つものに限られていた。当時、カリフォルニアには司教区というものがなく、よって司教がいなかった。そのために、カリフォルニアにはそれまで新改宗者の中に堅信を授かった者が誰もいなかったのだ。つまり、カリフォルニアの布教村の主任神父セッラは、「裁量権」が許可されるまで、原住民に洗礼を授けることができても、堅信を授ける権限を持っていなかったのだ。

この権限取得後、セッラ神父は自分の齢を考えて、慌てるようにして布教村の村民に堅信を授ける旅に出ている。それは彼の死を迎える年まで続いた。一七七八年八月二十五日にモントレイから船で南下してサン・ディエゴに九月十五日についた。そこから徒歩で北上し、各布教村で新信者に堅信を授けて一七七九年一月五日にサン・カルロスの布教村に戻ってきていた。セッラ神父六十六歳の旅だった。

テオドール・デ・クロィクス行政長官

一七七九年六月、フリゲート艦が食料と報告を持ってモントレイに到着した。セッラ神父は行政官フェリペ・ネベが携えてきた副王の手紙をサン・カルロスの布教村で受け取っていた。その手紙でこのカリフォルニア地域がソノラ州の中の一地区に数えられていて、モントレイ要塞の司令官と大隊長がテオドール・デ・クロィクスという行政長官の組織下であることを知ることになった。セッラ神父はまたしても、困難な問題を抱えてしまった。副王アントニオ・ブカレリから直接許可を貰っていた布教村に関する沙汰が、またしても振り出しに戻ることになったのだ。

それでもモントレイ以北の訪問を気にかけていたセッラ神父は、その手紙の内容を無視してサン・フランシスコに赴くことを決意し、一七七九年十月九日にサン・カルロスを発った。サンタ・クララの布教村に二日後の十一日に着いた。一四三キロを二日で踏破していた。この時のセッラ神父の足は大きく腫れ上がって痛々しい状態だったのだが、洗礼希望者に躊躇することなく洗礼を授け、さらには堅信を授けていた。二日ほどサンタ・クララに滞在し、残りの八二キロを歩いて十月十五日にサン・フランシスコに着いた。ここでも堅信を受ける資格を持った者たちが彼を待っていたので、時間の許す限りセッラ神父は村人に堅信を授けていた。

セッラ神父がこの布教村に滞在中、イギリスとの宣戦布告のニュースと一緒に副王アントニオ・ブカレリ死去の知らせが彼の下に届いた。そのニュースはセッラ神父と布教村の皆に深い悲しみを与えていた。この報告を受けた要塞司令官以下、隊長や兵士全員は、イギリスとの戦争に備えて十月末日、サン・フランシスコ港から船で南下していったが、この布教村にはセッラ神父が残ることになった。

カリフォルニア征服の大貢献者であり、「魂の征服」のためにセッラ神父を擁護していた人物、アントニオ・ブカレリの死を、神父は心痛をもって受け止めなければならなかった。副王領の仕事でありながらこの地方が見放されたのか、新しい司令官や隊長も来ることはなかった。庇護者を失った悲しみに加え、これから起きることが予想される支援物資の延滞を覚悟しなければならなかったのだ。神父はこのサン・フランシスコの布教村に十一月五日まで滞在し、サンタ・クララの布教村に立ち寄り、近隣のサン・ホセ・デ・グアダルーペ村に住む者たちに堅信の儀を授けるためにそこに数日留まっていた。

セッラ神父は、前副王アントニオ・ブカレリの死に接して落胆していたものの、しばらくは副王の支援がなくても新布教村設置で不足するものを何とかできると信じ、心配していなかった。ところが、この地方の新行政官フェリペ・ネベが政府内で大きな権力を持ち始めたことで、このカリフォルニア全域に物資が届かなくなり、またしても物資不足が深刻になっていた。このことは布教村の発展にブレーキをかけることになった。もし、このまま布教村が放置されることになれば、それはそのまま「魂の征服」が壊滅状態になるということだった。セッラ神父は細心の注意を払い、しかも忍耐強く、前副王ブカレリが送ってきた新行政官に働きかけていた。

セッラ神父の豊富な経験を生かして、前副王の目指していた「エル・カミノ・レアル」で結ばれた有機的な布教村建設の必要性を説明してみたが、新行政官フェリペ・ネベは問答無用とばかりセッラ神父を無視し続けた。

ついにはこの新行政官はセッラ神父の行動を制限して、「魂の征服」を阻止する行動に出た。セッラ神父が新信者に堅信を授けようとすると、新行政官はそれを行使しないようにと言い寄って妨害した。というのもセッラ神父はその時、王室と副王からの許可状をたまたま持参していなかったからだった。

後にセッラ神父はその許可状を持ち歩くことになるが、一七八〇年の一年間はまったく堅信を行うことができず、神父をいらだたせていた。

フェリペ・ネベの言い分はこうだった。

前副王ブカレリが死んだことで、カリフォルニアの行政管区は副王領から独立して中央政府の管轄外となったと主張し、カリフォルニアの実質の統治者は行政官である自分だと主張した。彼とすれば、行政管区でカリフォルニアの布教村を管理し、支援することは財政的に無理があったから、当然の行動であったにちがいない。いっぽう、布教村を運営するフランシスコ会の修道士の立場からすれば、カリフォルニアはスペイン王室やヌエバ・エスパーニャ副王領の大きな枠組み内の領土拡大と先住民獲得の大事業だった。

こうした経緯をセッラ神父はメキシコ市の神学校の校長に手紙を書いた。校長がその手紙を受け取った時、メキシコ市に新副王マルティン・デ・マヨルガが着任し、新しいご沙汰が降りることになった。その決定がモントレイに着いたのは一七八一年九月で、セッラ神父を悩ませていた時化《しけ》がようやく収まることになったのだった。

その後、サン・カルロスの布教村で堅信を行い、立て続けにサン・アントニオ（北緯三六度一〇分）に出かけ、堅信の儀をおこなった。それからモントレイ以北の二つの布教村（サン・フランシスコとサンタ・クララ）に出かけることにした。その時、サン・カルロスの布教村の同僚フアン・クレスピ神父も同道したいと申し出ていた。彼は長いこと会うことが許されなかったパロウ神父に会いたいと願っていたのだった。十月二十六日にサン・フランシスコの布教村に着き、そこに十一月九日まで逗留した。その後サンタ・クララの布教村に向かい、そこでセッラ神父の堅信の儀を助け、川が増水する前にサン・カルロスに戻った。ところが、着いて数日後にクレスピ神父は死の病に伏してしまった。こうしてクレスピ神父は一七八二年一月一日、享年六十歳と十ヶ月の生涯を閉じることになった。彼はセッラ神父とともに、マジョルカ島からメキシコに入植し、ゴルダ山脈のティラコ谷でパメ族とともに、肉体ばかりでなく精神面でもよく働き、多くのインディオの改宗に携わり、布教村の中でキリストの信仰についてよく教育をしていた。パメ族を社会生活に導き、彼らに石と石灰とを用いた高い天井と塔を持つ大きな教会を建てさせた。メキシコ市から送られる教会内を飾る装飾や聖人像などを宗教会議の資金などに頼らずに手に入れていた。

その後、セッラ神父に乞われてカリフォルニアに赴くことになったが、彼の残りの人生一四年間をこの地に捧げたのだった。常に師セッラ神父の後ろ姿を見て、地味で温和しく、神秘に包まれた人物だった。

彼の遺骨は彼の最後の任地、サン・カルロスの布教村の教会の内陣にセッラ神父とともに眠っている。セッラ神父は自分の死後、クレスピ神父とともに埋葬されることを強く願ったほど、彼を信頼していた。

新副王マルティン・デ・マヨルガの方針

アントニオ・ブカレリの後任、新副王マルティン・デ・マヨルガの時代になると、カリフォルニアでの植民地政策に進路変更が見られた。それはフランシスコ会が一七六九年から思い描いてきた布教村構想に暗い影を落としていた。

サンタ・バーバラ海峡地域に構想していた三つの新しい布教村のために、サン・フェルナンド神学校の校長は、それぞれの布教村に二名ずつ、六人の修道士派遣を決定していたが、彼らがメキシコ市を出発する直前、副王に申請した布教村での必要物資リストに大きな変更が加えられていたのだ。教会や聖器室に納める装飾品は確保されたが、新信者の生活基盤を確かなものにするための畑や牧場に必要な道具や種籾が大幅に削減されていた。こうして、校長はじめ修道士たちは、カリフォルニアでの「魂の征服」の政策が転換したことを知ることになったのだ。

その具体的な方針とは、

〈かつてメキシコ市周辺で行われていたように原住民集落の中心に伝道所を作ること〉

〈予算節減のために従来の施し、あるいは贈答によって原住民集めの改宗方法を見直すこと〉

〈布教村に原住民を住まわせることを強制しないで、自然に集まるのを待つこと〉

だった。つまり、現在ある状況を維持するだけの、宣教活動に消極的な政策だった。

これにはセッラ神父も大いに失望した。耕作地もない環境の中で、貧しい小屋の中で裸の生活を続け、空腹を抱え、悪しき習慣から抜けだす術を持たない原住民が放置されることを憂慮していた。彼の失望はそれだけではなかった。派遣されるべき六人の修道士が、報告があった期日までに到着しなかったのだ。後にセッラ神父が知ることになるのだが、コロラド川の二つの布教村で多くの命が奪われ、その反乱原住民を懲らしめるために送られた討伐隊でも多大な出費を伴ったにもかかわらず、満足な結果が得られなかったことが、その「魂の征服」政策に影を落としていたのだった。

メキシコ市から修道士がモントレイのサン・カルロス布教村についたのは一七八三年六月二日のことだった。しかし、六人ではなく、たった二人だった。そのことが、セッラ神父をさらに落胆させた。当時、神父は胸の病が再発して苦しんでいたが、そのことが神父に二重の苦しみを与える結果となった。

セッラ神父の胸の病は、神学校時代にサン・フェルナンド・ソラノを模倣して行った鎖で自身の体をむち打つ説教と、石片を胸に打ち付ける説教以来続いていたものだった。悔恨を示す説教の時は、十字架のキリスト像を左手に持ち、説教壇に隠していた頭蓋骨ほどの大きさの石を持った右手で、激しく自分の胸に打ち付けていた。聴衆はその行為を目にして、神父の胸の皮膚が破れ、死んでしまわないかと危ぶむ程だった。セッラ神父は聴衆をもっと揺り動かすために、特に地獄の話をするときに火の付いたろうそくを用いることもあった。当時、神父は胸が大きく開くチュニック服を身につけていたが、すでに傷ついて赤くなった胸をはだけると、その切り傷にろうそくの炎を当て、皮膚や肉の焦げる臭いがするまであぶっていた。それを見た参列者はみな泣き崩れ、あるいは、辺り構わず号泣していた。こうして、セッラ神父の若き日の傷が後年、彼を苦しめていたのだ。

二人の修道士の内のひとりをサン・ブエナベントゥーラに、もうひとりをサン・ディエゴの布教村に送り出すことを決め、セッラ神父自身も、残された堅信の職務を遂行すべく、モントレイより南の布教村を再び訪ねる決意をしていた。八月に南に下る船に乗ったが、この時すでに、自身の体の変調を感じ取っていた神父は、弟子であり同僚であるパロウ神父に遺言ともとれる手紙を書いていた。事務的な引き継ぎ内容と別れの言葉、感謝と讃辞の言葉がそこに綴られていた。

サン・ディエゴの布教村に着いたセッラ神父は、そこで堅信を新信者に施した後にエル・カミノ・レアルを北上し、六〇〇キロのモントレイまでの堅信の旅を続けることになった。このサン・ディエゴからの最後の旅は、彼が持っていた一七七四年七月十六日から一〇年間という「裁量権」の期限が残り少なくなっていることと関係があった。彼はみんなの心配をよそに、無事に一七八四年一月にサン・カルロスの布教村に戻って来ていた。彼の信仰への情熱はそれでも萎えることはなく、休む暇も自分に与えないまま、すぐにモントレイ以北の布教村訪問を決意していた。

北方のミシオンの最後の訪問

セッラ神父がサン・フランシスコの布教村に発ったのはサンタ・クララ（北緯三七度二〇分）の布教村の教会完成式に出席するためでもあった。一七八四年五月十六日がその日だったが、それより八〇キロあまり北の、当時パロウ神父のいたサン・フランシスコの布教村での堅信の儀を行うために五月四日にそこに出かけていた。ところが、そこに着いて二日後にサンタ・クララの責任者ホセ・アントニオ・ムルギア神父の健康状態が思わしくないという報告がセッラ神父のもとに届き、教会落成式を彼が主催することがかなわぬまま、五月十一日に天命を全うしていた。このサンタ・クララの教会はカリフォルニアに残された教会の内で最も規模の大きい物のひとつで、ムルギア神父が教会造りに情熱を燃やしていたことがわかる建物となった。アメリカ大陸にいた三六年もの間、メキシコはケレタロ州ゴルダ山脈の布教村で豪勢な教会を建てた経験が彼の生涯の自慢だった。石と石灰で作られたメキシカン・バロックの傑作だった。その後、イエズス会が管理していたカリフォルニア半島の布教村の管理をした後に、今日のカリフォルニア州のサンタ・クララの布教村建設に携わっていた。実はこの教会建設では多くの人的な損害を被っていて、現場監督と頭領を含め、六〇〇人もの新信者の命が犠牲になっていた。この数からすると、建設中に大きな地震に見舞われ、建物の下敷きになってしまったものと想像する。

セッラ神父は五月十五日の午後にサンタ・クララの布教村に着いたが、教会落成式はムルギア神父の葬式となり、涙を誘うものとなってしまった。

齢七十歳を過ぎていたセッラ神父は、弟子たちが自分より先に死んで行くことで不安を覚えていた。自分の体が思うに任せない状態なのもよく心得ていて、神父は弟子のうちで最も信頼を置いていたパロウ神父を引き留め、神が死のための準備をするように望んでいるかどうかしつこく尋ねていた。

それでも「裁量権」が途切れる最後の最後まで、真のキリスト教徒になる準備のできた者にサンタ・クララで堅信の儀を授けていた。フニペロ・セッラ神父が最後に堅信の儀を行ったのは、モントレイに戻る途中でのことだった。それは一七八四年七月十六日で、五三〇六番目の堅信の儀となった。

「裁量権」の期限が過ぎたことで、これまで張り詰めて生きてきたセッラ神父の緊張の糸がプツリと切れた。神が神父に与えた命のすべてを余すことなく使い果たした、見事な一生だった。死を予感したセッラ神父は各布教村に手紙を書いて、最後の会話を求めて修道士を招集していた。それでも、遠く離れた布教村の修道士は彼の臨終に立ち会うことがかなわなかった。

一七八四年八月二十八日、午後二時前、フニペロ・セッラ神父は七十歳九ヶ月と四日の人生をサン・カルロスの伝道所で終えていた。

副王の夢、修道士の夢

カリフォルニアにおける二つの夢は、結局一つになることはなかった。

副王はアメリカ大陸で見つけた領土に住む原住民（インディアン）をスペイン人として教育した後に、見返りとして彼らからオロ（金）を手にすることを期待していた。いっぽう、修道士たちは、この地で出会った原住民をキリスト教に取り込み、ローマ教皇を頂点とするカソリック領域の拡大をめざしていた。それは、神の使徒としての勤めを全うする修道士たちの名誉のためと言うより、キリストを篤く信仰する者の使命と信じる真摯な精神から発するものだった。しかし、この二つの夢は、お互いを補完し合っているにもかかわらず決して交わることなく、時にはねじれ、時にはつまずいて、お互いにジレンマを抱える関係にあった。

メキシコがエルナン・コルテスによって征服された一五二一年以降、この地で修道士指導型の先住民インディオのヨーロッパ化が進められてきていた。かつてのアステカ帝国内の市町村の中心に要塞型の巨大な教会と修道院を建てて、先住民にアステカの神、スペイン人が言う邪教への帰依を棄てて、キリスト教に鞍替えするように勧め、あるいは強制的に押しつけ、信者を増やしていた。それを主導していたのはフランシスコ会をはじめとする各修道会だった。（『メキシコ歴史紀行』（明石書店）参考）

いっぽう経済界では、祖国スペインで職に就けずにアメリカ大陸に流れ着いた小貴族たちが、メキシコ先住民を奴隷のような待遇で労務に就かせ、途方もない利益を上げ、新貴族を気取っていた。彼らは先住民をまるで「消費物」のように扱い、死んだら新しいものと交換すればいいと軽く考えていたのだ。労賃を低く押さえたスペイン人経営者の鉱山や農場のアシェンダ（大荘園、大工場）は順調に規模を拡大し、スペイン人は巨万の富を手にしてメキシコ先住民の上に君臨していた。

これに対して、修道士たちは不法なアシェンダ経営者に強く反発していた。というのも、こうした経営者の下では、修道士たちがせっかく洗礼を授けても、新信者たちが過酷な労働を強いられて病気になったり死んだりする者が絶えず、修道士たちの改宗の苦労が水の泡となっていたからだ。征服から五〇年が過ぎるころには「消費物」はついに底が見えるまでになり、メキシコ先住民の人口は征服以前の二〇パーセントに落ち込んでいた。「人口破壊」が起きていたのだ。

後に修道士たちは、こうした悪徳経営者たちに対抗するために、布教村を考え出し、修道士指導の共同体を作るようになる。それはかつての市町村にあった修道院・教会から遠く離れた土地に近隣の先住民を呼び込んで村を新しく作り、そこで共同生活を営むというものだった。それを管理するのは修道士で、村人にはキリスト教の教義にもとづいて宗教的な修練が行われると同時に、労務を通して皆で支え合って生活を保障する組織で、まるで独立国のようになっていた。そこには外部からの力が働くことがなく、宗教的な理想郷を建設するための修道士たちの実験場となっていた。

修道士たちが設立した布教村は、順調に成果を上げ、スペイン人経営者が営むアシェンダに追いつき、ついにはそれを追い抜くまでになっていた。それに加え、フランシスコ、アウグスティヌス、ドミニコ、そして、イエズスの各修道会はアシェンダ経営者の死亡に伴う遺産相続、死後の救済のための財産贈与や土地の譲渡、金貸しによる利殖、さらには学校経営でかなりの蓄財をしていた。こうして一八世紀の各修道会は、メキシコの全アシェンダの実に半分以上を所有するまでになっていた。

フニペロ・セッラがメキシコに登場したのはまさにこのような時代だった。しかし、メキシコ先住民は人口破壊を起こしていて、すでに宣教の余地が少なく、そのかわり、スペイン人と先住民との間に生まれた混血の新人種メスティーソにその矛先を向けたのだった。当時、彼らはメキシコの人口を支えるまでになっていた。だが、彼らは彼らではじめからキリスト教を受け入れることに何の抵抗もない新人種で、熱血修道士フニペロ・セッラの使命とはなり得ず、結局、彼が関わったのは、征服されて間もないゴルダ山脈のパメ族の布教村だった。

前述の通り、メキシコにおける修道会の肥満化で、スペイン王室は植民地メキシコの統治を難しくしていると感じ始めていた。イギリス国民はすでに産業革命の萌芽に気がつき、着実に次の時代に踏み出していたし、フランスは自由主義の機運が高まり、王政批判が声高に叫ばれるようになっていた。また、その両国は、一六二〇年のメイフラワー号による清教徒上陸以降、着実に北アメリカ大陸東海岸に上陸して植民地を建設し、アメリカ大陸でのスペインの一人舞台を阻止していた。さらに、そのアメリカ東海岸の植民地では独立の機運が高まっていた時勢で、スペイン王室もそのことを把握していて次代に進まなければならないと感じていた時だった。

一七六七年、イエズス会の修道士がスペイン植民地から追放されることになったのは、このように肥満化した修道会解体の第一弾だった。メキシコの植民地をリードしてきた修道会は、厳格なローマ・カソリックの教義に縛られていて、ヨーロッパでの新思想や新技術の萌芽に目をつむり、頑固に昔のやり方を信じてそれにしがみついていた。そこには最早、イギリスやフランスに打ち勝つだけの技術力も生まれず、経済においてもいつの間にか世界から取り残されていたのだ。

一七七六年にアメリカでは独立が高らかに宣言され、一七八九年にはフランス革命によって王政が瓦解した。さらには銀の交易を通してヨーロッパの自由思想を学んだメキシコ北部鉱山地帯の事業家たちも、スペイン本国人の法外な利益の吸い上げに反発し、一八一一年にグアナファト州ドローレス・イダルゴの司祭だったミゲル・イダルゴ神父の指導で独立戦争に立ち上がったのだった。メキシコは独立のために一〇年という歳月を使い、多くの血を流した後に、一八二一年、ついに独立を果たしている。

しかし、その後の新生メキシコ国は、独立後の混乱が続いていて国力は弱体化していた。それにつけ込むかたちで、一七一八年来メキシコの領土となっていたテキサスにアメリカ系住民が多数流入して定住し、その住民比率がメキシコ人を上回って勢力を伸ばしていたのだ。彼らは一八三六年、メキシコからの独立を宣言したことでメキシコ軍と戦争、いわゆる「アラモの戦い」となり、それに勝利してテキサス共和国を作ってしまった。その後、テキサス共和国はアメリカ合衆国の一州に加入することが認められる。このテキサス独立はアメリカの後ろ盾があって行われたものだったために、そのアメリカの策略に強く反発したメキシコは立ち上がり、一八四六年、米墨戦争に突入していく。しかし、武器能力の差は歴然で、結果はアメリカの勝利で終わり、一八四八年のグアダルーペ・イダルゴ条約で、テキサスが割譲されるとともに、アメリカがのどから手が出るほど欲しがっていた西海岸、サン・ディエゴ以北のカリフォルニアの土地を、メキシコから手に入れることに成功したのだった。

メキシコのカリフォルニア、アメリカのカリフォルニア

この時代、アメリカが乾燥したカリフォルニアの土地に魅力を感じていたとは言いがたいが、太平洋にこぎ出すための港を欲しがっていたことは確かだった。それでもそれ以外にカリフォルニアにあまり期待してはいなかった。ところが事態は一変してしまった。

太平洋に沿ってミッション・ロードは北へ

一八四八年にサクラメント近郊のアメリカン川の辺にあるコロマの河床で金が発見されたために、カリフォルニアはにわかに、アメリカはもちろん世界の注目を浴びるようになってしまったのだ。早くも翌年には、東海岸に入植していた男たちは、パナマ地峡経由で海から、さらには大陸を横断して陸から、サン・フランシスコに大挙して金を探しに集まってきていた。

一八四八年から六〇年までの一二年間で、カリフォルニアは約五億ドルの金を掘り出したとされる。しかし、サン・フランシスコに集まったこうしたにわか鉱山主の多くは、十分な金を手にすることが叶わなかった。そうした者のうちで、もといた東の土地に帰ることもできない者は、カリフォルニアにとどまることになる。彼らはもともと百姓だったから、土地を求めてこの地に定住を試みるが、カリフォルニアは乾燥した土地で、耕作地として恵まれた土地は少なかった。それでも、そこにはスペイン修道士たちが残していった遺産があった。布教村にいた改宗原住民（インディアン）もわずかにのこっていたが、多くはスペイン人修道士たちが南に退去して行くと、引力を失って布教村から離れていた。ゴールド・ラッシュに集まってきた者たちは、そうしたかつての布教村に住み着き、灌漑施設を利用して農業をやり出していたのだ。

これまでに紹介してきた各布教村を基点として集住が進み、農業生産を拡大させていった。そうして、今日では大規模農場の緑のベルトがUSハイウエイ一〇一号線、インターステイト五号線、米国人がミッション・ロードと呼んでいるエル・カミノ・レアルに沿って、延々と続くのを見ることができるまでになった。さらに、ロサンゼルス、サン・フランシスコ、サン・ディエゴは商業都市としての風格をもち、特にロサンゼルスは合衆国二番目の大都市に成長して、アメリカの経済を支えるまでになった。

メキシコ人の友人が、グリンゴというのはアメリカ人への蔑称だと教えてくれたことがあった。彼が言うには、「グリンベレー・ゴーバック」を縮めてグリンゴというのだそうだ。グリンベレーとは緑色のベレー帽をかぶっていたアメリカ陸軍特殊部隊のニックネームだ。その友人はまた、今日のテキサスとカリフォルニアはもともとはメキシコのものだと、悔しげに私に漏らしていた。一八四六年の米墨戦争後に領土をアメリカに奪い取られた時のことを今でも根に思っているのだ。これに対して、あるアメリカ人は「カリフォルニアを今日のように仕立て上げたのはアメリカ人で、怠け者のメキシコ人なんかにできっこない相談だ」と豪語していた。経済的優位にあるアメリカ人の傲慢な言葉を不快に感じたが、だからといってそれに反論するには、いささかメキシコに歩が悪いのも確かだ。

太陽の国メキシコの楽天的な性格を持った彼らが、時間にルーズで、たっぷりシエスタを取り、酒好きで、おしゃべりで、お祭り騒ぎが大好きなのも否定できない。だからといってメキシコ人の皆が皆、怠け者だというのは過言だ。

カリフォルニアの布教村を巡る旅の途中、USハイウエイ一〇一号線沿いにあるグリーン・フィールドという田舎町のモーテルに宿を取ったことがあった。スタインベックの「エデンの東」の舞台となったところだ。そこは遠方の南北に走る赤茶けた山脈の麓までブロッコリーやレタスの緑の畑が続いていて、地名そのままのところだった。部屋で荷をほどいてから、食糧調達のためにモーテルの近くにある小さな店に入った。そこで見つけたのはメキシコのビールをはじめとするメキシコの食材で、それらを目にして私は懐かしく感じたのだった。この店がメキシコ人のための店だと気がついたのは、若いアメリカ人のキャッシャーが客にスペイン語で応対しているのを耳にしたからだ。この町にはメキシコからたくさんの季節労働者が働きに来ているのだ。列に並ぶ男たちに笑顔はなかった。彼らは畑での一日の労働を終えて、これから一缶のセルベッサ（ビール）を楽しみに夕食を採るのだなと想像していた。かつてはメキシコの土地だった所に、今はアメリカ人に気兼ねをしながら出稼ぎにきているのだ。なんとも皮肉なことだ。

同じ作物が延々と続くUSハイウェイ101号線沿いの畑

これまで述べてきたようにカリフォルニアの地に最初に布教村が誕生したのは一七六九年のサン・ディエゴでのことだった。そして最後は、メキシコ独立後の一八二三年にサン・フランシスコ北一〇〇キロに建てられたサン・フランシスコ・デ・ソラノだ。一八四八年にカリフォルニアがアメリカの領土になったことで、カリフォルニアがローマ・カソリックを国教とするスペインやメキシコの支配下にあったのはわずかに七八年間ということになる。その後、東部からカリフォルニアに入ってきたアメリカ人のほとんどはプロテスタントであったから、スペイン人修道士が去った後、布教村の伝道所に関心を寄せる者は誰もいなかった。そのために伝道所は荒廃を加速させることになったのだ。

近年、教会はカソリック信者によって再開され、伝道所は地元のボランティアや支援団体によって再建された。今日では二一ヶ所あったかつての伝道所は、規模は大小さまざまだが博物館になっていて、細々と観光客を集めている。二〇〇年ほどの短い歴史しか持たないカリフォルニア人にとって、スペイン人修道士が建てた伝道所は歴史的文化遺産として重要なはずなのだが、残念ながらそれらは州の施設ではなく、今は教会に関係する各財団が運営している。展示物が少ない割には入館料が高いと感じるのは、運営資金を確保しなければならないという財団の懐事情があるからだろう。

これまで述べてきたとおり、アメリカ合衆国の中でカリフォルニア州は、宗教的にカソリックとプロテスタントを経験した珍しい地域ということになる。二〇一〇年の国勢調査でヒスパニック系の住民は、全国で約一七パーセントであるのに対してカリフォルニアでは約三八パーセントと高いが、それはカリフォルニアのこれまでの歴史を見れば当然と言えば当然である。移民問題が大きな政治問題になっているこの国で、それでも、職を求めて国境を不法に超えてまでもアメリカに入りたいとメキシコ人が願うのは、アメリカとメキシコの賃金格差、経済格差がそうさせていることは疑いのないことだ。しかし、地続きでありながらメキシコとアメリカのこうした経済格差はなぜ生まれてしまったのだろうか。

二〇世紀初頭の経済学者マックス・ウエーバーの著した『プロテスタンティズムの倫理と資本主義の精神』によれば、仏教と同じくイタリアやスペインに見るカソリック国の行動様式は因果説に基づいているという。たとえば、人は生きている間に善行を行えば、その結果として天国に行くことができるし、悪行を行えば、地獄におとしめられる。だから、生きている間に善行を積むようにと教会の牧師は説教する。善行とは、社会に対する慈善や奉仕であり、教会に対するお布施や免罪符をも意味していた。

これに対して、プロテスタンティズムはジョン・カルバン（一六世紀、フランス神学者）の提唱した予定説と言う立場にたっているという。それによれば、人間は生まれながらにして運命づけられていて、免罪符やお布施で神のご沙汰を買うことができないというのだ。お布施や免罪符、善行で神の意志を覆すことができるという考えは、絶対的存在の神を人間の下位におく行為で、許されることではないというのがカルバンの主張だ。さらに彼は、「人間は神の前では無力であり、人間がどう生きようと、運命はすでに決められていて、死に至るまで人間は邪念を持たずに懸命に生きなければならない。そして、その邪念を排するために労働に励まなければならない。というのも労働は禁欲の手段で、様々な誘惑の予防措置となるからだ」というのだ。

さらに禁欲のための労働で得られた代価を神の栄光のためでなく、自己の享楽のために支出することは、代価を単に神の代わりに管理を任されているに過ぎない人間には許されていないというのだ。ここでも享楽に対する禁欲が説かれるのだが、このことがこれまで伝統的に否定されてきた財産の蓄積を肯定するように心理的に働き、資本を駆使した利潤の追求をも正当化するとともに、その行為は神の意志に沿うものだとしたのだ。

言い換えれば、禁欲的な労働の結果としての資本蓄積やその資本による利潤追求は、プロテンスタンティズムの考えに反しないという考えだ。

しかし、こうした中世の宗教的な熱狂が通り過ぎたヨーロッパには、徐々に功利的な現実主義がはびこり、「貧しきときのみ神に従順である」という風潮が見られたのだという。

アメリカに渡ってきたプロテスタントたちは一部を除き、時代的にまさに後者の精神を持った人たちだった。ヨーロッパで、自分の畑を持つことができなかった移住者たちは、アメリカ東海岸に上陸すると、「プロテスタンティズム」の精神をかざして、先住民がいたにも拘らず、時には彼らを無視し、時には彼らを排斥して、手つかずと勝手に決め込んだ土地に入植し、禁欲的に働き、まさに神のために禁欲的に蓄財していったのだ。その結果が、今日我々が知るアメリカである。

アメリカ人入植者が土地の所有に情熱を注いでいたのに対して、スペイン人征服者は黄金の獲得に熱心に取り組んだ。その手始めとしてアステカ帝国内のメキシコ先住民のスペイン化に取り組み、先住民の既存の宗教を徹底的に排斥し、あるいは破壊し、キリスト教に改宗を強要したのだ。そうしてスペイン人入植者たちは、改宗を受け入れた先住民から労務を通して黄金を手にすることに成功していた。それが独立以前のメキシコだった。

しかし、独立後のメキシコは、一六世紀から一八世紀にかけてスペインに吸い取られたものの大きさに気がつくことになる。そして、眩《まばゆ》いアメリカ社会を国境線越しに見つめながら、自分たちに与えられた運命を嘆くことになるのだ。

禁欲的な労働の結果もたらされた巨大なアメリカ経済ではあるが、二〇一四年の時点でユネスコの世界文化遺産は東海岸に九つを数えるだけだ。これまで話してきたスペイン人修道士によってカリフォルニアに建てられた二一ヶ所の伝道所とエル・カミノ・レアルは、残念ながらその中に入っていない。それに対してメキシコにはユネスコに登録されている世界文化遺産が二六もある。歴史の長さが違うから仕方がないと言えばそれまでだ。だが、おなじ修道士たちによってほぼ同じ時代に建設されたメキシコはケレタロ州、ゴルダ山脈の五つの布教村の教会は、二〇〇三年に堂々と世界遺産に登録されているのだ。

ミッション・ロードと呼ばれているカリフォルニアの国王の道「エル・カミノ・レアル」をたどり、

布教村を訪ねてみて気がついたのは、概して、原住民インディアンの反抗を懸念し、防衛のための外観を持つ要塞型教会と伝道所だったということだ。セッラ神父がカリフォルニアに描いた夢は、メキシコで高く評価されていたあのゴルダ山脈の布教村の再現だったに違いない。だが、残念ながらそれは叶わなかった。あまりにも首都メキシコ市から遠すぎたし、九つの布教村を完成させるにはあまりにも雑事や雑音が多すぎたのだ。

だが、そうした時代の不運なうねりや地理的条件ばかりではないようにも思う。カリフォルニア地域に住むインディアンと呼ばれた先住民たちとゴルダ山脈に住むパメ族との文化の土壌の差異が、方や要塞型、方や田舎風バロックの教会建築を生み出すことになった大きな要因だったのではとの思いに至ったのだ。

アステカ帝国時代、裸同然の生活をしていたパメ族は、中央の者たちから蛮族チチメカ族の汚名を着せられ、文化的に低俗だと蔑まれていたが、偉大な帝国の首都テノチティトランから直線距離にして三〇〇キロほどの帝国の周辺に生きていたことから、希薄でありながらも文化的に何らかの影響を中央から受けていた可能性は否定できない。それを裏付けるようにハルパン周辺にいくつものピラミッドの遺跡が発見されていて、権力の集中や宗教的指導者がいたことが確認されている。そうした遺跡は今日ではピラミッドの石組みを白日にさらけ出しているに過ぎないが、かつてはゴルダ山脈の五つの教会のように、優雅な神殿をその上に戴いていたことは想像に難くない。

ゴルダ山脈のパメ族は、セッラ神父を筆頭とするフランシスコ会の修道士の導きで、キリスト教会を立てることになった。ところが、前述のように、実際に教会建築の指導をしたのは、パメ族に社会生活の見本を示すために中央から連れてきた改宗メキシコ先住民の頭領たちだった。彼はキリスト教徒ではあったけれど、彼らの体内にはアステカ人の血が流れていた。そうした彼らとハルパンのパメ族たちは、キリスト教会であることにはお構いなく、長い間、心の深層に隠し持っていた彼らの文化的遺産を、教会建設に投影することをはばからなかったのだ。

メキシコはケレタロ州、ゴルダ山脈の五つのすばらしい田舎風バロックの教会は、「魂の征服」に熱心に取り組んだフランシスコ会の修道士たちの発意であるばかりでなく、ゴルダ山脈のパメ族が本来持っていた特異な美意識によって華やかに彩色され、世界に類を見ない奇抜な作品に仕上げられることになったのだ。

おわりに

この著作の生まれるきっかけとなったのは、前著、『「銀街道」紀行』を出版した後に、駐日メキシコ大使館（エスパシオ・メヒカノ）でその書籍のプレゼンテーションを許されたおり、当時、文化担当をされていた一等書記官ソーサ・マルケス女史に、メキシコには「エル・カミノ・レアル」と呼ばれている街道もありますよと、教えていただいたことだった。

銀街道を取材中、その街道の銘板に「エル・カミノ・レアル」という文字が彫られているのを目にしていたのだが、当時、まだその本当の意味を知るに至らず、銀街道の別称だと思いこんでいたのだ。

ところが二〇一一年のこと、二〇〇三年にユネスコの世界文化遺産に登録されたケレタロ州、ハルパン・デ・セッラ市のメキシカン・バロックの教会を訪ねる機会があったおり、その奇抜な教会を目の前にして、隔離されたこの地にどうして不思議な五つの教会が残されるに至ったのかという疑問が私の中に涌き起こったのだった。市の案内所や博物館にその資料を求めたが、残念ながら私の疑問に応えるものは何もなかった。釈然としないまま小さな市立図書館に入り、司書に五つの教会に関する資料を求めると、教会を建てたフニペロ・セッラ神父の伝記があることを知ったのだった。それは本文中、何度も言及したフランシスコ・パロウ神父によって書かれたセッラ神父の伝記で、少々かび臭い古い書物だった。

メキシコ市の書店にその復刻本があることを知り、さっそくそれを買い求めて辞書を片手にその伝記を読み始めた。残念ながら、私が求めていた五つの教会の記述は少なく、その伝記の三分の二は、セッラ神父のバハ・カリフォルニアや今日の米国カリフォルニア州での活動を中心に書いたものだった。とは言うものの、ソーサ・マルケス女史の「エル・カミノ・レアル」の話と偶然にも接点を持つことになったのだった。

直感的にこの「エル・カミノ・レアル」は、メキシコの植民地時代を語るのに魅力的なテーマだと思った。しかし、メキシコ市と米国サンフランシスコとの直線にして三〇〇〇キロを超える距離の問題が、私の前に立ちはだかっていて、私は取材に手をこまねいていたのだ。

意を決して二〇一四年、米国カリフォルニア州のミッション・ロードにある、セッラ神父が存命中に建てた伝道所を取材した。メキシコとの国境の都市サン・ディエゴからサンフランシスコまで片道一〇〇〇キロを超えるその取材では、かつての「エル・カミノ・レアル」をトレースしながら敷設された車社会の大動脈、フリーウェイ周辺や都市化された中にある伝道所を不慣れな左ハンドルの車で探しださなければならなかった。エアポートに着いてすぐに、手配していたレンタカーに乗り込んだ。機内であまり眠れず、しかも時差の問題で運転中に睡魔が襲って来はしまいか懸念していたが、時速一二〇キロを超えるスピードに慣れるのに緊張しっぱなしで、幸いにして眠気に襲われることはなかった。ところが、オプションで借りたカーナビが故障して、道案内なしにカリフォルニアを車で走らなければならないとわかった時には、ハンドルを握っている自分の顔が蒼ざめてゆくのを今でもよく覚えている。道が整備されているにもかかわらず、大変な取材旅行となった。

二〇一五年、「エル・カミノ・レアル」の中継地として重要だったカリフォルニア半島を取材した。北緯二六度にあるロレト港からバハ・カリフォルニア・ノルテ州にあり、セッラ神父がその半島に最初に開設した北緯三〇度にあるサン・フェルナンドの布教村や「エル・カミノ・レアル」、現在の国道一号線周辺にあるイエズス修道会が建てたとされる布教村を是非とも見に行きたいと思ったからだ。ところが、ここにも片道一〇〇〇キロの距離の問題があるばかりか、古い布教村の遺跡のほとんどは乗用車が入り込めない悪路の先にあり、私を失望させるばかりだった。現在では町を形成し、人々の信仰の場となっている教会が残されているところもあるが、その数は多くはない。国道一号線は、ほとんどが片側一車線で、山間部を越えるとき以外はほとんどまっすぐで、アップダウンがあるにしても地平線の奥の奥まで道が続いていて、どの車もその道を一四〇キロを超える猛スピードで疾走していた。それでも対向車に出会うのに一〇分も走らなければならないほど交通量が少なく、特にサン・フェルナンドの布教村のあったとされる辺りはトラック運転手のための食堂もない過疎地だった。

驚いたことには、その往路二〇〇キロの間に、給油所がまったくなく、オイルゲージの針が下の方を向き始めた時の心細さは何とも言えなかった。途中で立ち寄った食堂の主人から、サン・フェルナンドの先二〇キロほどのところに食堂が片手間にやっている量り売りの給油所があると教えてもらい、まずは給油のためにそこに走ったのだった。そこは、年老いたセニョールが腰を痛めて重い物が持てないと言うので、二〇リットルを汲み出したプラスチックのバケツを、車の給油口より高くするためにドラム缶の上に持ち上げるのを手伝ったりしなければならないような給油所だった。

給油を終えて一安心したあと、サン・フェルナンドの布教村入り口の看板のあるところまで戻り、悪路をゆっくりと進んで見たが、途中から道が二手に分かれていて、そこで道に迷ってしまい、だいぶ時間を費やしてしまった。珍しく、そこには布教村時代から引き継いでいるとみられる広い野菜農場があり、位置としては間違いないと判断して、一か八か農場の有刺鉄線沿いの道をどんどん西に進んでみた。日は西にかなり傾き、木々が生い茂っていて視界が悪く不安だらけの道行きだったが、なんとか目的の布教村にたどり着くことができた時には、感動以前に心底安堵したのだった。撮影を終えて一号線に戻った時はすでに辺りは薄暗くなり、街道沿いの南一〇〇キロ先のホテルに着いた時には、八時を過ぎていた。この時は疲労困憊で、もっと親切な看板があれば、こんなに苦労せずに済んだのにと不満をこぼしながら、ベッドに倒れ込んだのだった。こうして、かつて修道士たちが注ぎ込んだあの篤い情熱は、バハ・カリフォルニアでは今は誰にも評価されず、見向きもされず、無視され続けているのだと知ったのだ。

いっぽう、二〇一五年、「死者の日」の十月三十一日の夜七時、私はハルパン・デ・セッラ市の教会の群衆の中にいた。正式にバチカンから列聖されているわけではないフニペロ・セッラ神父の聖人像が夕方、信者に見守られて賑々しく町を練り歩いた後に教会に戻ってきて、群衆に揉まれながら祭壇前に納められていた。教会は信者でひしめき合い、信者たちの祈りの歌が堂内に響き渡るたびに、改めてセッラ神父の信仰の種がこのハルパンでみごとな果実をつけていることを認めないわけにはいかなかった。

十八世紀末、メキシコ市サン・フェルナンド神学校から送り出されたフランシスコ会の修道士セッラ神父とその弟子たちによるカリフォルニア半島と米国カリフォルニア州の「魂の征服」は、残念ながら大きな成果を成し遂げることができたとは言いがたい。私は車のハンドルを握りながら、「エル・カミノ・レアル」を宣教の情熱だけを懐に抱き、休息のための木陰を作る樹木もない荒野を、単調な風景を見ながら徒歩で北進していった修道士たちの姿を想像してみた。しかし、行けども行けども広がる荒野を目にしながら、彼らを突き動かしていたものが一体何だったのか、ますますわからなくなってしまったのだった。

この本を上梓するにあたり、多くの方々にお世話になった。まずは心より謝意を表したい。とりわけ取材に当たっては、メキシコの各地で受けた人々の暖かい対応や親切に感謝したい。異邦人に対する人なつっこさ、笑顔で対応するあの明るさは、一人旅をする小心者の私の心を救ってくれていた。実は、それは国境を越えた米国でも同じだった。

阿部修二

参考文献

RELACIÓN HISTÓRICA DE LA VIDA Y APOSTÓLICAS TAREAS DEL VENERABLE PADRE FRAY JUNÍPERO SERRA, Fray Francisco Palou (Editional Porrúa, México) 2007

SIERRA GORDA DE QUERETARO (México desconocido, México) 2012

MISSION SAN BUENAVENTUR, Mary Null Boulé (Merryant Publishers, Inc, USA) 1988

PADRES AND PEOPLE OF OLD MISSIO SAN ANTONIO, Beatrice (Tid) Casey (Casey Printing, Inc, USA) 2006

MISSIONS OF MONTEREY, Robert A. Bellezza (Arcadia Publishing, USA) 2012

MISSION DOLORES-Yesterday Today Tomorrow, susan P. Castillo (USA)

『プロテスタンティズムの倫理と資本主義の精神』マックス・ウェーバー著、梶山力・大塚久雄訳（岩波文庫）1962年

『アメリカ西部史』中屋健一著（中公新書）1986年

『カリフォルニア・ストーリー』石川好著（中公新書）1983年

『エデンの東』ジョン・スタインベック著、土屋政雄訳（はやかわepi文庫）2008年

エル・カミノ・レアル　関連年表

西暦	メキシコ・西インド諸島・カリフォルニアの動き	スペイン・西欧の動き	日本の動き
1467			応仁の乱〔～1477〕
1485			山城国一揆
1487		コルテス、メデジンに生まれる。	
1488			加賀の一向一揆、守護富樫氏を滅ぼす。
1492	コロン（コロンブス）西インド諸島に到達。	スペイン、グラナダ城を奪還。スペイン統一。	
1493	ローマ教皇、スペイン・ポルトガルの勢力分布境界線を決定。		
1495			北条早雲、小田原を攻略。
1498		ヴァスコ＝ダ＝ガマ、インド航路発見。	
1500		イサベラ女王「原住民、スペインの自由な臣下」の勅令出す。	三浦の乱
1504		イサベラ女王没す。	
1506	コルテス、エスパニョーラ島に入植。	クリストバル・コロン没す。	
1517	メキシコ第一次探検（コルドバ）。		
1518	メキシコ第二次探検（グリハルバ）。		
1519	メキシコ第三次探検（コルテス）。コルテス、アステカ帝国に浸入。モクテスマ王を捕らえて主権を握る。ディエゴ・ベラスケス、キューバ総督となる。	黒人奴隷、新大陸導入許可下りる。カルロス一世即位。	
1520	コルテス、トラスカーラに敗走。ラス・カサス司祭、ベネゼーラで「自由なインディオ村」建設失敗。		
1521	コルテス、アステカ帝国征服。		
1522	コルテス、ヌエバ・エスパーニャ総督となる。		
1523			大内・細川両氏、明の寧波で争う。
1524		王室顧問会議議長フォ	

西暦	メキシコ・西インド諸島・カリフォルニアの動き	スペイン・西欧の動き	日本の動き
		ンセカ没す。インディアス枢機会議設立。	
1525	メキシコ市に査察吏が派遣される。反コルテスが実権を握る。		
1528	メキシコに高等司法行政院設置さる。コルテス、スペインに帰国し王室に嘆願。		
1529	コルテス、デル・バーリオ侯爵の称号を得、ヌエバ・エスパーニャと南の海（太平洋）の最高軍司令官となる。		
1530	第二次高等司法行政院設置さる。		
1531	モンテーホ、ユカタン半島征服。カンペチェ市建設。パナマで黒人奴隷の大暴動。		
1532	ピサロ、ペルー・インカ帝国征服。		
1535	コルテス、バハ・カルホルニア探検。ラパス市建設。ヌエバ・エスパーニャ、副王領となる。		
1537	第一代副王に、アントニオ・デ・メンドウサ着任。		
1539	コルテス、カルホルニア地方をウリョアに探険させる。コルテス、陳情のためにスペインに渡る。		
1542		エンコミエンダ制度廃止を含む新法発布。コルテス、アルジェッリア戦線に参加。	
1543		ロペス・デ・ビジャロボス、フィリピン到達。	
1544	コルテス、太平洋岸をメンドウサに探検させる。ケレタロ村設立		
1546	サカテカス鉱山発見。		
1547		エルナン・コルテス没す。	
1550	第二代副王(50～64)ルイス・デ・ベラスコス就任。		
1552	グァナファトの鉱山発見		
1564	第３代副王マルティン・エンリケス・デ・アルマンサ就任		

西暦	メキシコ・西インド諸島・カリフォルニアの動き	スペイン・西欧の動き	日本の動き
1575	メキシコに黄熱病広まり死者多数。		
1591	イエズス会メキシコで布教活動を許可される。		
1600			関ヶ原の戦い
1603			徳川政権発足
1609			平戸にオランダ商館ができる。上総、岩和田にメキシコ帆船漂着。
1610			家康、難破者をメキシコに送還。
1611	副王、セバスチャン・ビスカイーノを日本に派遣。		答礼使ビスカイーノ家康に接見。
1613			支倉常長一行、メキシコへ出帆。
1614			支倉常長遣欧使節メキシコ市滞在。
1621		フェリペ4世即位（～65）	
1637			島原の乱
1639			鎖国体制確立
1640		ポルトガル、スペインより独立。	
1649		イギリス清教徒改革	
1665		カルロス2世即位（～1700）	
1690		イギリス対フランス植民地戦争	
1701		スペイン王位継承戦争始まる（～14）	
1702			赤穂浪士討ち入り
1707	天然痘大流行		
1708			イタリア人宣教師シドッチ屋久島着。
1713	セッラ神父、スペイン、マジョルカ島で誕生。		
1716			享保の改革
1749	大干ばつで大量の飢餓者を出す。		
1750	セッラ神父メキシコ市サン・フェルナンド神学校着、セッラ神父ハルパンに赴任。		

西暦	メキシコ・西インド諸島・カリフォルニアの動き	スペイン・西欧の動き	日本の動き
1760	セッラ神父ハルパンからメキシコ市に戻る。		
1767	イエズス会メキシコから追放さる。セッラ神父カリフォルニアに着任。		
1769	天然痘流行。セッラ神父サン・ディエゴ着。布教村と要塞設置。		
1770	サン・フランシスコ湾発見。モントレイ湾再発見。モントレイに要塞と布教村設置。セッラ神父モントレイを本部にしてそこに留まる。		
1771	サン・ガブリエル（ロサンゼルス）布教村設置、サン・フランシスコに要塞と布教村設置。		
1772	セッラ神父、布教村支援嘆願のためにメキシコに赴く。		
1773	セッラ神父、メキシコ着。		
1774	セッラ神父、サン・ディエゴ着。途中の布教村を経由して徒歩でモントレイに着。		解体新書発刊
1775	サン・ディエゴの布教村、襲撃さる。ハイメ神父殉死。		
1776	サン・フアン・カピストラノ，サン・フランシスコの布教村設置。	アメリカ合衆国独立	
1777	サン・ルイス・オビスポ、サンタ・クララの布教村設置。	サンイルデフォンソ条約締結さる。	
1778	サン・ブエナベントゥーラ布教村設置。		
1783			天明の大飢饉
1784	セッラ神父死去（70歳9ヶ月）。		
1789		フランス革命	
1792		アダム・スミスの「富国論」でる。	
1800			伊能忠敬、蝦夷地測量着手。
1806		ナポレオン、大陸封鎖令を発令。	
1809	大飢饉。		
1810	独立運動の父イダルゴ神父蜂起。		
1812		イギリス・アメリカ戦争	
1814		スペイン、フェルナン	

西暦	メキシコ・西インド諸島・カリフォルニアの動き	スペイン・西欧の動き	日本の動き
		ド7世復位。	
1815		ヨーロッパで神聖同盟成立。	
1819		アメリカ、スペインよりフロリダ購入	
1821	スペインよりメキシコ独立。		
1823			シーボルト来日。
1836	アラモの戦い。テキサス、メキシコより分離独立。		天保の大飢饉
1846	メキシコ・アメリカ戦争勃発(～48)		
1849	カリフォルニアにゴールドラッシュ始まる。		
1853			ペリー艦隊、浦賀来航
1854			米英露と和親条約を結ぶ。
1861	リンカーン大統領、カリフォルニアのカソリック教徒を支援。	米国南北戦争。	
1867			明治維新

あべ しゅうじ

1947年岩手県花巻市生まれ。岩手大学工学部電子工学科卒。桑沢デザイン研究所ビジュアル・デザイン科卒。日本写真家協会会員。1986年よりメキシコ教会美術に惹かれ、毎年渡墨。著書に『「銀街道」紀行――メキシコ植民地散歩』（2010年、未知谷）、写真集『PARIS・夢の軌跡」（1994年、宝島社）、『メキシコ歴史紀行――コンキスタ・征服の十字架』（2005年、明石書店）、共訳にロバート・フットラップ著『インディペンデント・フォトグラフィー』（1978年、クイック・フォックス社）。個展に「やさい・トーク」（1988年、ミノルタ・フォトスペース新宿）、「PARIS・過去に揺らぐイマージュ」（1993年、G. エテル、パリ）、「PARIS・夢の軌跡」（1994年、ニコンサロン新宿）、「オマージュ・パリ」（2004年、プランタン銀座）等多数。パリ国立図書館、パリ市歴史図書館、イル・ド・フランス美術館に写真作品収蔵。

国王の道《エル・カミノ・レアル》

メキシコ植民地散歩「魂の征服」街道を行く

2015年12月10日印刷
2015年12月25日発行

著者　阿部修二
発行者　飯島徹
発行所　未知谷
東京都千代田区猿楽町2丁目5-9　〒101-0064
Tel. 03-5281-3751 / Fax. 03-5281-3752
［振替］　00130-4-653627
組版　柏木薫
印刷所　ディグ
製本所　難波製本

Publisher Michitani Co. Ltd., Tokyo
Printed in Japan
ISBN978-4-89642-486-7　C0026